差がつく練習法

ソフトボール 超実戦的 練習ドリル

著 三科真澄 東京国際大学女子ソフトボール部監督

INTRODUCTION
はじめに

　数多くの書籍の中から選んでいただきありがとうございます。

　みなさんのために、ソフトボールがもっとうまくなる、チームが強くなる秘訣をお教えしましょう。

　人間力を大切にすることです。人間力というと難しく感じるかもしれませんね。これは気配り、目配り、思いやりを身につけるということです。そして、感謝の心を持つことです。私は、選手だった頃から今まで、たくさんの方々に応援してもらってきました。朝早くから夜遅くまでソフトボールに打ち込めたのも、支えてくれた方々がいたからだと思っています。みなさんも、支えてくれている方々に感謝の気持ちを忘れずにプレーしてくださいね。

　指導者の皆さんにもお伝えしたいことがあります。主役である選手がいるから、指導できることを忘れないでください。目標を成し遂げるためには、指導者と選手が一心同体になることが大切です。一方的に上に立つ者の視点だけで競技や指導を行っていくのではなく、辛さも喜びも選手と共有することで、より良いチームになっていくと考えています。

　こう考えるのは恩師の影響です。2004年アテネ五輪では、金メダルを期待されるなかで、銅メダルに終わってしまいました。期待に応えられなかった悔しさと不甲斐なさでいっぱいで、現役引退が頭をよぎり、やるべきことからも目を背けた時期がありました。そんな時、宇津木麗華監督はときに強く逞しい背中を見せ、ときに選手に歩み寄ってくれました。監督は、「賢く、強く、真心」という言葉のよく似合う、私の尊敬する方の一人です。

　自分が本気で向き合えば、成果は出ます。これは選手と指導者、練習と試合、ソフトボールに限らず他のスポーツや人間関係にもいえることかもしれませんね。みなさまが強い選手、勝てるチームになれるちょっとしたきっかけやヒントになればと思います。

東京国際大学ソフトボール部監督

三科真澄

CONTENTS
目次

2 ——— はじめに

第1章 バッティング

頁		項目
10	Menu 001	素振り①　その場でスイング
12	Menu 002	素振り②　軸回転スイング
13	Menu 003	素振り③　ウォーキングからのスイング
14	Menu 004	素振り④　8の字からのスイング
16	Menu 005	素振り⑤　片手でスイング
17	Menu 006	素振り⑥　チューブスイング
18	Menu 007	ティーバッティング①　ティー台
20	Menu 008	ティーバッティング②　速打ち
22	Menu 009	ティーバッティング③　チェンジアップ打ち
24	Menu 010	トスバッティング①　下手、上手
26	Menu 011	トスバッティング②　後方からのトス
27	Menu 012	トスバッティング③　ななめ前からのトス
28	Menu 013	マシンバッティング
30	Menu 014	バント①　バントの基本
32	Menu 015	バント②　左右への打ち分け
34	Menu 016	バント③　セーフティーバント
35	Menu 017	バント④　プッシュバント
36	Menu 018	エンドラン①　ピックオフ打ち
37	Menu 019	エンドラン②　カウント1-1から
38	Menu 020	タイヤ打ち
39	Menu 021	土のう叩き
40		バッティングに役立つトレーニング「メディシンボール」

第2章　ピッチング

42	Menu 022	ブラッシングでグラブに入れる
43	Menu 023	ネットに向かって投げる
44	Menu 024	投げ込み
46	Menu 025	ストレート
48	Menu 026	ドロップ
50	Menu 027	ライズボール
52	Menu 028	チェンジアップ
54	Menu 029	遠投①　塁間
55	Menu 030	遠投②　50m
56	Menu 031	ウォーキング
57	Menu 032	シャドウピッチング
58	Menu 033	1分間のフォームチェック
59	Menu 034	軸足を押さえる
60		ピッチングに役立つトレーニング
		「片ヒザをついて」ライズボールのバックスピン
		「手首のスナップ」ドロップの縦回転

第3章　守備　〜基本編〜

62	Menu 035	キャッチボール①　基本
64	Menu 036	キャッチボール②　クイックスロー
66	Menu 037	キャッチボール③　ボールを拾ってから
68	Menu 038	キャッチボール④　遠投
70	Menu 039	キャッチボール⑤　カットプレー
72	Menu 040	キャッチボール⑥　ランダウンプレー
74	Menu 041	捕球ドリル
76	Menu 042	捕手①　マシンのボールをキャッチ
78	Menu 043	捕手②　クイックスロー
80	Menu 044	捕手③　ショートバウンドの捕球
82		守備に役立つトレーニング①「股関節ストレッチ」

第4章　守備　〜応用編〜

84	Menu 045	ノック
86	Menu 046	正面のゴロを捕球
87	Menu 047	左右のゴロを正面で捕球
88	Menu 048	捕球してサイドスロー
89	Menu 049	捕球してクイックスロー

90	Menu 050	シングルハンドの捕球と送球
91	Menu 051	逆シングルの捕球と送球
92	Menu 052	ジャンピングスロー
93	Menu 053	ランニングスロー
94	Menu 054	グラブ方向へのトス
95	Menu 055	利き手方向へのトス
96	Menu 056	前方にグラブトス
97	Menu 057	正面のフライを捕球
98	Menu 058	捕手のフライ捕球
99	Menu 059	フライを捕球してバックホーム
100	Menu 060	小フライを捕球
101	Menu 061	スライディングキャッチ
102	Menu 062	後方のフライを捕球
104	Menu 063	体の向きを変えてフライを捕球
105	Menu 064	リバウンドの処理
106	Menu 065	ゴロを捕球してバックホーム
107	Menu 066	左右のゴロの追い方
108	Menu 067	バント処理【一塁手】
110	Menu 068	バント処理【三塁手】
112	Menu 069	バント処理【捕手】
114		守備に役立つトレーニング②「馬跳び〜トンネルくぐり」

第5章 走塁

116	Menu 070	スライディング① 足から
118	Menu 071	スライディング② タイヤに滑り込む
119	Menu 072	スライディング③ 直角に再スタート
120	Menu 073	スライディング④ ヘッドスライディング
122	Menu 074	スライディング⑤ 3方向から滑る
124	Menu 075	ベースランニング① 基本技術
125	Menu 076	ベースランニング② 到達塁を宣言
126	Menu 077	一塁ベースの駆け抜け
127	Menu 078	オーバーラン
128	Menu 079	ボールケースを回り込む
129	Menu 080	捕手の股下へ
130	Menu 081	走塁&盗塁
132	Menu 082	ベースランニング・リレー
133	Menu 083	塁間を使ったトレーニング
134		走塁に役立つトレーニング「シャトルラン」

第6章　ケース別攻撃＆守備

136	Menu 084	ケースバッティング
138	Menu 085	無死一塁【攻撃】
140	Menu 086	無死一塁【守備】
142	Menu 087	無死二塁【攻撃】
144	Menu 088	無死二塁【守備】
146	Menu 089	無死三塁【攻撃】
148	Menu 090	無死三塁【守備】
150	Menu 091	一死一塁【攻撃】
152	Menu 092	一死一塁【守備】
154	Menu 093	一死二塁【攻撃】
156	Menu 094	一死二塁【守備】
158	Menu 095	一死三塁【攻撃】
160	Menu 096	一死三塁【守備】
162		トレーニング「プラスティックボール、サンドボール」

第7章　もっと強くなるトレーニング

164	Menu 097	バージャンプ
165	Menu 098	階段登り
166	Menu 099	バランスディスク
167	Menu 100	バービー
168	Menu 101	大うさぎ跳び
169	Menu 102	ランジ
170	Menu 103	チューブトレーニング
171	Menu 104	アームカール・巻き上げ
172	Menu 105	ベンチ腹筋・懸垂
173	Menu 106	ダンベル・プレート

174	おわりに
175	著者＆チーム紹介

本書の使い方

本書では、カラー写真やイラスト、図などを用いて、ソフトボールの練習メニューを一つひとつ丁寧に紹介しています。また、各メニューにワンポイントアドバイスが入っており、選手や指導者がつまずきやすいポイントもフォローできる内容になっています。読むだけではなく、普段の練習に取り入れて、上達に役立ててください。

▶ 身につく技能が一目瞭然

練習の難易度やかかる時間、得られる能力が一目でわかります。また、自分のポジションや打順に応じた練習を選択することができます。

▶ ワンポイントアドバイス

ミスをしやすい点と練習の意味を解説しています。ポイントを意識して取り組むと、より効率良く上達することができます。

▶ 実戦に生かす

基礎的なメニューでも、少しアレンジすると試合に近い状況で練習することができます。さらなるレベルアップのために挑戦してみましょう。

そのほかのアイコンの見方

選手のポイント
選手に気をつけてほしいことです

指導のポイント
指導の際に知っておいてほしい点です

Extra
練習の意味、より発展的なメニューを紹介しています

第1章
バッティング

この章ではバッティングの基本となる技術から
変化球の対応まで、幅広く紹介する。
打順に特化した練習に応用することも可能だ。

バッティング

バットの握り方とスイングの基本を覚える

Menu **001** 素振り① その場でスイング

難易度	★★☆☆☆
時 間	15分
回 数	20×5セット

» 主にねらう能力

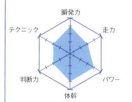

▼ やり方

1. バットを用意して、自分に合ったグリップで握る。
2. 両足のスタンスを決める。
3. 右打ち（右利き）なら右肩の上でバットを構えて、顔は左方向へ向ける。左打ちなら逆になる。
4. 力強く、一気にバットを振る。

軸回転

📢 指導のポイント

実戦を意識する

守備の基本がキャッチボールであるように、素振りは攻撃の基本。それだけに慣れてくるとただ漫然と振るだけになりがちだ。ただの素振りと軽く考えずに、ボールが飛んでくることをイメージして、鋭いスイングを意識させる。

 Extra

強い軸をつくる

バットを振るのは腕だが、腕力だけを鍛えてもスイングは鋭くならない。体の軸を意識して、これがぶれたり曲がったりしないことが大切だ。軸を強くするには体幹などのトレーニングが効果的だ。

> 選手のポイント

グリップ

バットの握りはいろいろある。まずは「基本的な握り」で素振りをしてみよう。グリップエンドに小指をかけると手首の可動域を広く使えるのでバットのヘッドをきかせやすくスイングスピードが上る。力が弱く、バットが重く感じるならグリップエンドを余らせる握りを試してみよう。

▲「基本的な握り」 — くっつける

▲「グリップエンドに小指をかける」

▲「チョークグリップ」 — すき間をあける

▲「グリップエンドを余らせる」

スタンス

スタンスは主に3種類。ボックスに平行に立つ「スクエア」が一般的だ。
「オープン」はボールが見やすく内角を広く待つことができる。
「クローズ」は体の開きを抑えたスイングができる。

▲「スクエア」

▲「オープン」

▲「クローズ」

バッティング

スイングのときの軸のつくり方を覚える

Menu **002** 素振り② 軸回転スイング

難易度	★★★☆☆
時間	10分
回数	10×3セット

» 主にねらう能力

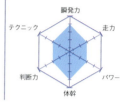

▼やり方

1. バットを持って自分に合った握りとスタンスで構える。
2. Menu001 素振りと同じようにスイングをする。
3. バットの遠心力を利用して前足を軸にして回転する。
4. 一回転したら最初のスタンスに戻る。

拇指球で回る

❓ なぜ必要？
スイングの軸を安定
素振りのときに体の軸がぶれると、力が入らなかったり頭の位置が動いたりすることにつながる。頭から前足まで1本の軸をつくってスイングすることを身につける。

👆 重要ポイント！
遠心力を使う
バットを振った遠心力をうまく使わないと元の位置に戻れない。フォロースルーを大きくとって、バットの勢いを止めないで回りきろう。

バッティング

バッティングの間の取り方をつかむ

ねらい

Menu **003** 素振り③
ウォーキングからのスイング

難易度	★★★☆☆
時間	10分
回数	10回×3セット

» 主にねらう能力

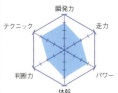

▼ やり方

1. 足の運びの目安になるように地面に直線を引く。ファウルラインなどを利用すると便利だ。
2. バットを持ってラインにつま先をそろえて立つ。まだバットは楽にしておく。
3. 後ろの足（右打者なら右足）を前足のふくらはぎと交差させるように動かす。
4. 前足をラインに沿ってスライドさせつつ、バットを肩の上に持っていってトップのポジションをつくる。
5. 前足をラインに沿って踏み込んで一気にスイングする。

❗ 選手のポイント

間を意識してトップをつくる

バッティングでは投球に合わせてバットを後方（ななめ上）へ引いてトップをつくる。ウォーキングでは「二」の場面だ。このときに投手のフォームを思い浮かべながら、間を意識して構えるようにしよう。

📣 指導のポイント

スムーズに軸足に重心を乗せる

ウォーキングをすると重心を前に移動させながら、最後に自然に前足に乗せることができる。軸をうまくつくれない選手にやらせることでスムーズに軸足に重心を乗せられるようになる。

📋 Extra

タイミングの取り方は同じ

実際のバッティングでは歩かないが、「イチ」「二」「サン」のタイミングの取り方は同じ。投球動作に合わせて心の中でカウントしながらスイングしてみよう。

バッティング

手首を柔らかく使って流れの中でスイングをする

Menu 004 素振り④
8の字からのスイング

難易度	★★☆☆☆
時間	5分
回数	10回×3セット

≫ 主にねらう能力

▼ やり方

1. バットを持って、両足をスイングのときの広さに開いてどっしりと立つ。
2. グリップの位置はお腹の辺りから動かさず、バットの先端で「8の字」を描くように振る。
3. バットを2～3回転させたら、その流れのままグリップをトップの位置へ持っていきスイングする。

！ 選手のポイント

バットの先端を大きく振る

バットを動かしている間は手首に力を入れずに、先端で大きく8の字を描く。手首を柔らかく使って、バットコントロールやミートの瞬間のボールの押し込みを覚えよう。

Extra

上回転と下回転を行う

バットをへその前で構えたら、そこから下に向かって回転させるパターンと、上に向かって回転させるパターンがある。次の「ライズ打ちのスイング」「ドロップ打ちのスイング」につながるので、ここでどちらも行っておこう。

実戦に生かす

1 ライズ打ちのスイング

①バットをリードするほうの手（右打者なら左手）でバットを内回転させる。
②2〜3回転させたらバットを握った手を体の反対へ移動させて両手で握ってトップをつくる。バットの先端には上向きの慣性が残っている。
③流れを止めずにスイングするとバットの先端が上から出てくる。自然にバットヘッドを立てたスイングになる。

2 ドロップ打ちのスイング

①バットをリードするほうの手（右打者なら左手）でバットを持って外回転させる。
②2〜3回転させたらバットを握った手を反対へ移動させて、両手でグリップを握ってトップをつくる。このときバットの先端には下向きの慣性が残っている。
③流れを止めずにスイングするとバットの先端が下から出てくるようなスイングになる。前のヒジが開きやすいのでしっかりと締めるように注意しよう。

バッティング

左右それぞれの腕の役割を覚える

Menu **005** 素振り⑤ 片手でスイング

難易度	★★★☆☆
時間	10分
回数	10回×3セット

» 主にねらう能力

▼やり方

1. 通常の素振りと同じようにバットを構える。
2. どちらかの手を離して、へその辺りへ軽く置く。
3. 腹筋を引き締めながら片手でスイングする。
4. 反対の手も同じように行う。

⚠ 選手のポイント

左右の手の役割

それぞれの手の役割を意識しながら行う。右打者なら、右手はミートの瞬間にボールを押し込むパワー、左手はグリップエンドでバットの軌道をコントロールするという役割がある。

バットコントロール

📢 指導のポイント

バットを短く持たせて行う

片手でバットを振るために選手への負担は大きい。ムリはしないで最初はバットを短く持たせて行う。

押し込み

バッティング

インパクトの瞬間に
リストを使って押し込む

Menu 006 素振り⑥ チューブスイング

難易度	★★★☆☆
時間	5分
回数	10回×3セット

» 主にねらう能力

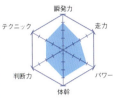

▼やり方

1. バットにチューブを巻きつける。
2. チューブの端を持ってもらい、ミートポイントでゴムが十分に伸びきる位置で静止する。
3. 手首を使ってバットヘッドを水平に前後に動かす。

❗ 選手のポイント

強い打球を打つため手首を鍛える

ボールはバットの反発でも飛ぶが、ミートの瞬間に手首を使ってバットを押し込むと、さらに強い打球が打てるようになる。このリストを強化するのが目的だ。後ろの腕（右打者なら右腕）のリストをしっかりときかせるようにしよう。

📢 指導のポイント

チューブの反発力・太さで調節

バットが軽く引っ張られるくらいの強さで始めれば、リストへの負荷は小さい。目一杯引いたところから始めればそれだけ効果を期待できる。チューブの太さなどでも調節できるので、レベルに応じて行うようにする。

バッティング

高低・内外角のコースを的確にミートする（ねらい）

Menu **007** ティーバッティング①
ティー台

難易度	★★★☆☆
時間	15分
回数	20回×3セット

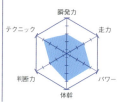

» 主にねらう能力

▼やり方

1. ティー台、バット、ボール、ネットを用意する。
2. ティー台にボールを乗せて、ネットに向かって打ち込む。
3. ティー台の位置と高さを、内角、外角、高目、低目のコースへ配置してそれぞれ行う。

❗ 選手のポイント

バットの芯でとらえる

止まっているボールをバットの芯でしっかりととらえるスイングを身につける。最初はへその前の高さで、ストライクゾーンの真ん中にティーを置いて行う。

📢 指導のポイント

ライナー性を逆方向へ

基本的に打球は逆方向（右打者なら右）へ、打球の質は強いライナー性で打つ。レベルが上がるとエンドランで叩きつけたり、犠牲フライのように遠くへ飛ばしたりするバッティングも必要になるが、ティーでは気持ちよく、強い打球を打つことを覚えさせるようにする。

Extra

コースと高さを変える

真ん中のコースがしっかりと打てるようになったら、ティー台の高さやコースを変えて行う。高低を高目、真ん中、低目で、コースを内角、真ん中、外角で区切ると、全部で9つのコースで練習ができる。

実戦に生かす

1 内角はコンパクトに振る

内角はティーとボールをベースの前方の角に置く。ここが内角のミートポイントになる。ヒジをたたんでグリップが体の近くを通るようにバットを出してきて、リストを使ってヘッドをきかせて打つ。

2 グリップがへその前でミート

真ん中のコースはティーとボールをベースの中央に置く。しっかりと腰を回転させて、グリップがへその前に来たときにミートする。真ん中を強く逆方向へ打ち返すことが最初の目標だ。

3 外角は体が開かないように

外角はティーとボールをベースの後方の角に置く。ここが外角のミートポイントだ。生きたボールを打つときは、この位置までボールを呼び込んで体の開きが早くならないように注意する。外角もヘッドをきかせて強い打球を打つこと。

バッティング

素早い連続スイングでリストを強化する
(ねらい)

Menu **008** ティーバッティング② 速打ち

難易度 ★★★☆☆
時間 10分
回数 20回×3セット

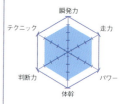

》主にねらう能力

▼やり方

1. バットとネット、ボールはかごに入れて用意する。
2. へそ" の高さにボールを投げて、それをネットに向かって打つ（A）。
3. 打ち終わるか終らないかのうちに次のボールを投げる。
4. すぐに構え直し、休まずに次のボールを打つ（B）。
5. AとBを繰り返す。

構え直す

選手のポイント

最高点で打つ

下から飛んでくるボールが落ち始めてから打つのでは遅い。ボールが上がりきった瞬間、最高地点で打つのが理想だ。

指導のポイント

投げるテンポとボールの高さを一定に

この練習ではボールを投げる選手がとても重要だ。テンポが速すぎても遅すぎてもダメ。バッターとの呼吸を合わせて、タイミングを合わせよう。また常に同じ高さに投げてあげることも大切だ。

 **なぜ必要？**

下半身と上半身を連動させてヘッドをはしらせる

早いスイングを繰り返すためには、上半身を鋭く回転させることが大切。そのために下半身を安定させることが必要だ。下半身と上半身を連動させて、「上半身を鋭く抜く」感覚を身につけよう。

 重要ポイント！

バットを頭の上から戻す

バットを戻すのが遅れると、次のボールに間に合わない。バットを振った勢いを止めずに、頭の上から回し込むようにするとスムーズに戻すことができる。また、構え直したときに、トップの位置が変わらないように注意しよう。

 Extra

グリップを逆にしてみる

右打者ならグリップは右手が上、左手が下で握る。これを逆にしてティーをやってみよう。こうすると前ワキをより意識して締めるスイングが身につく。通常のグリップに戻したときにワキを締めたコンパクトなスイングができるようになる。

バッティング

タイミングを外されたときの
スイングを覚える

Menu **009** ティーバッティング③
チェンジアップ打ち

難易度	★★★★☆
時間	15分
回数	20回×3セット

» 主にねらう能力

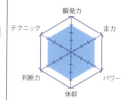

▼やり方

1. バットとネット、ボールはかごに入れて用意する。
2. ボールを前足のヒザの高さに投げる。
3. ボールが上がっている間に前へ重心を移動させていく。
4. ボールが落ちる前に打つ。

⚠ 選手のポイント

フォームを崩されたときのスイング

試合では自分の思い通りのスイングをさせてもらえることのほうが少ない。一番の例がチェンジアップのようにタイミングを外されたとき。フォームが崩されてもバットに当てるテクニックを身につけるのが目的だ。

📢 指導のポイント

ヒザの前辺りに投げる

通常のティーよりもポイントは前。高さは低目に投げる。ボールが落ちていく間、体が開かないようにがまんさせて、ギリギリですくい上げるようにボールを捉えるようにする。

前足の粘りを身につける

速球を待っているところへチェンジアップがくると、体が開いてしまって力が入らないスイングになってしまう。前足の粘りで軸だけを前に移動していき、ギリギリまで体を開かない感覚を身につける。

頭から突っ込まない

軸を前に移動させるときに頭から突っ込んでしまうのはダメ。軸はブラさず、ヒザを柔らかく使ってタイミングをとる。上半身から打ちにいかず、体重移動をうまく使って下半身でボールを迎えにいくイメージで行う。

バッティング

ボールをよく見て
バットの芯でミートする

ねらい

Menu 010　トスバッティング① 下手、上手

難易度 ★★☆☆☆
時間 8分
回数 20回×3セット

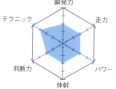

» 主にねらう能力

▼やり方

1. 1人がバットを構える。
2. もう1人はグラブとボールを1個持って5m程度離れる。
3. トスを投げて、バッターがそれを打ち返す。

5m程度

選手のポイント

投げた人に打ち返す

バットの正確なコントロールの方法と、スイングスピードの力加減を覚える。投げた人に丁寧に打ち返すようにする。遠くへ飛ばしたり、強く打ち返したりするのが目的ではない。

指導のポイント

フォームの崩れに注意

ボールを軽く打とうとすると前のヒジが上がったり、体の開きが早くなったりしがち。選手のバッティングフォームが崩れないように注意する。

なぜ必要？
前から飛んでくるボールを打つ

実戦のように前から飛んでくるボールを打つ基本練習。動くボールをよく見て、バットにしっかりと当てる感覚を身につける。

重要ポイント！
最初は下手投げ

トスの方法は下手投げと上手投げがある。難しいコースや速いボールを打つ練習ではないので、最初は下手投げで練習する。慣れてきたら上手投げにもチャレンジしよう。

実戦に生かす

1 下手投げ

ボールは山なりで、打者の真ん中に投げてあげる。打者はおへその前でボールを打つ。

2 上手投げ

下手投げよりも速いボールで練習する。飛んでくるボールの軌道も変わるので、しっかりとバットの芯で捉えるようにする。

Extra
ワンバウンド、ライナーなどで返す

まずは投げた人に正確に打ち返せるようになろう。それに慣れてきたら、ワンバウンドで返す、ライナーで返すなど、打球の質に縛りをかけてやってみよう。

Extra
一・三塁方向へ打ち分け

基本は2人組で行うが、一塁側と三塁側に守備をつけても行うと、打球の方向の打ち分け練習ができる。引っ張り打ちや流し打ちのバットコントロールを身につけよう。

バッティング

ボールを呼び込んで鋭いスイングで打つ

Menu **011** トスバッティング②
後方からのトス

難易度	★★★☆☆
時間	8分
回数	20回×3セット

» 主にねらう能力

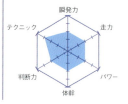

▼ やり方

1. バットとネット、ボールはかごに入れて用意する。
2. 打者の後方2m程度の距離からトスを投げる。
3. 打者はこのボールを打つ。

🛈 選手のポイント

顔の向きは前、目線は後ろ

ボールは後ろからくるが、顔は前を向いて、目線だけを後方へ送る。ボールが視界に入ってからスイングまでの反応と、スイングスピードを速くすることでボールが捉えられるようになる。

📢 指導のポイント

最初はゆっくり

まったく逆方向から飛んでくるボールを打つため、最初はゆっくりトスを投げてあげる。慣れてきたら少しずつトスのスピードを上げていこう。

バッティング

前の肩が開かない
スイングを覚える

ねらい

Menu **012** トスバッティング③
ななめ前からのトス

難易度	★★★★☆
時間	8分
回数	20回×3セット

» 主にねらう能力

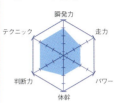

▼ やり方

1. バットとネット、ボールはかごに入れて用意する。
2. 打者の背中側のななめ前3m程度からトスを投げる。
3. 打者はこのボールを打つ。

⚠ 選手のポイント

逆方向へ
強く打つ

前の肩が開かないようにスイングする。打球方向はセンターより逆をイメージ。バットの芯でしっかりと捉えて、強いライナー性の打球を打つようにする。

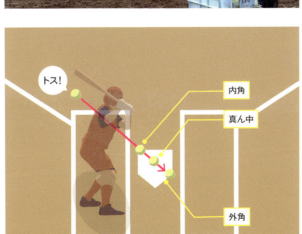

📢 指導のポイント

内角、真ん中、
外角のポイント

背中側からトスを投げるとボールはベース上をななめに移動する。内角、真ん中、外角のミートポイントを通る。どこのポイントで打つのかを意識させるようにする。

27

バッティング

90～100km/hの速いボールに慣れる

難易度	★★★★☆
時間	15分
回数	20球×3セット

Menu **013** マシンバッティング

>> 主にねらう能力

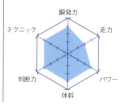

▼ やり方

1. バッティングマシン、ボール、ネットを用意する。
2. スピードは90～100km/h程度に設定する。
3. 打者に合図を送りながらボールをマシンに入れて、打者はボールを打つ。

❗ 選手のポイント
しっかりと振り抜く

球速に負けないようにしっかりと振り抜き、逆方向へ強い打球を打つ。

📢 指導のポイント
速いボールに慣れる

マシンの速度を速めに設定して、スピードに慣れさせる。

実戦に生かす

1 テーマを持つ
逆方向へ強い打球が基本だが、それができるようになったらさまざまなテーマを設定してみよう。速い打球で打ち返す、ライナー性の打球を打つ、叩く、などが考えられる。

2 自分の役割を意識
フェンス越えをねらう、ファウルライン上に強い打球、というように自分の役割を意識してみよう。

なぜ必要？
安定したボールをたくさん打てる
人が投げる場合と違い、マシンを使うことで安定した速度・コントロールのボールを数多く打つことができる。

重要ポイント！
スピードを落としてやる
速いボールを打つのが目的だが、できないときは球速を落とそう。目安として、スイングのパワーが負けてしまって、バットヘッドが押されているときや、下がってしまうとき。筋力やリスト強化などのトレーニングで、まずは体をつくろう。

Extra
待機時間を有効活用
マシンを複数台稼働させても待ち時間は生まれる。打席に立つまでの空いた時間を利用して少人数でも行える練習をしよう。与えられた時間は誰でも同じ。少しずつでも努力を積み重ねることが大切だ。

ダンベル
ティーバッティング

チューブトレーニング

手首や前腕を強化することで、インパクトの瞬間の力がアップする。守備やピッチングのレベルアップにも応用できる。
（詳しくはP173）

2人待機していれば、お互いにトスを上げてさまざまな打撃練習ができる。1人のときはティー台を使うといい。
（詳しくはP18～27）

インナーマッスルと呼ばれる、体の一番奥にある筋肉を鍛えることができる。ケガの防止にもつながる。
（詳しくはP170）

バッティング

スタンスやグリップなど バントの基本を覚える

ねらい

Menu **014** バント① バントの基本

難易度	★★☆☆☆
時間	30分
回数	5球×10セット

» 主にねらう能力

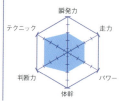

▼ やり方

1. バットを用意する。
2. 紹介しているバントのスタンスを参考にして、自分に合ったものを探す。
3. マシンなどを使って実際のボールをバントしてみる。

! 選手のポイント

グリップとスタンス

バントは止めたバットにボールを当てて、転がす技術。グリップの上になっているほうの手をバットの真ん中辺りに移動させて、この手でバットの角度を変える。

スクエアスタンス

バッターボックスに対して両足が平行になるように立つ。バランスがいい一般的な構え方だ。

オープンスタンス

前足を引いて立つ。
ボールを正面からよく見ることができる。

クロススタンス

後ろ足を引いて立つ。
目線をバットに近づけて構えることができる。

重要ポイント！

目線、バット、ボールが一直線

バントをミスする最大の原因は目線がバットから離れ過ぎてしまうこと。ボールにバットだけを合わせようとするのではなく、頭の高さも動かして、目線ごとボールに合わせるようにする。

実戦に生かす

1 後ろのヒザをついて

目線からバットが離れてしまうようなら、後ろのヒザをついて、トスしたボールをバントする練習をしてみよう。バットと目線の距離感をつかめるはずだ。

2 ヒザを使って吸収する

ボールがバットに当たる瞬間に勢いを消さなければならない。このとき後ろのヒザを柔らかく使って、手だけではなく、体全体でボールの勢いを吸収することが大切だ。

3 マシンを使って

打撃練習と同じように、バッティングマシンを使ってバント練習する。スピードが速いボールをしっかりと打球の勢いを消して転がせるようにしよう。

バッティング

バントの方向や強さを
ねらい通りに決める

Menu **015** バント② 左右への打ち分け

難易度	★★★☆☆
時間	30分
回数	10球×3セット

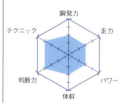

» 主にねらう能力

▼やり方

1. バットとボール、マーカーを3個用意する。
2. 一・三塁線のライン際、正面のバッターボックスから2～3m離れたところにマーカーを置く。
3. バッティングマシンか投手のボールをバントして、マーカーに当てる。

⚠ 選手のポイント

3方向へ打ち分ける

バントをしてマーカーに当てるためには、バットの角度をそちらに合わせる。また方向は合っていても強すぎるのはいいバントとはいえない。打球の勢いをしっかりと吸収しよう。

📢 指導のポイント

さまざまなバントで行う

通常のバントでできるようになったらほかのバントでもやってみる。セーフティーなら同じセッティングでOK。マーカーの距離を遠くしてプッシュバントの練習にも応用できる。

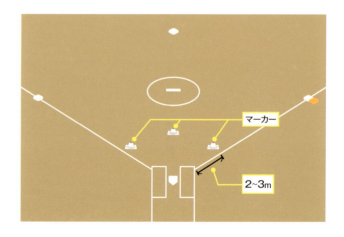

バットの角度で方向を決める

一塁線をねらうときはバットのヘッドを少し立てて、面を一塁方向へ向ける。
三塁線ならバットを水平に近くして面を三塁方向へ向ける。

一塁線へ / 立てる

三塁線へ / 水平

高低は腰の高さで対応する

高目のボールは腰を高くしてバットを高く上げる。
低目のときにバットだけを下げてしまうことが多いので注意が必要だ。
ヒザを曲げて腰の位置を低くする。こうして頭とバットの位置関係は変えないようにする。

高目

低目

Extra

サークルのなかに転がす

マーカーの代わりに地面にサークルを描いてその中にボールを入れる練習も効果的だ。打球が強すぎるとサークルから出てしまうので、ボールの勢いと方向を、より正確にコントロールしなければならない。

バッティング

自分も一塁セーフになる
バントを覚える

Menu **016** バント③ セーフティーバント

難易度	★★★★☆
時間	20分
回数	10球×3セット

» 主にねらう能力

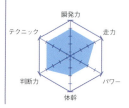

▼やり方
1. バットとボールを用意する。
2. 打者は打席に立ち、バッティングマシンか投手が投げる。
3. 打者はセーフティーバントをして一塁へ走る。

勢いを吸収

⚠ 選手のポイント

バントをしたら
ボールは見ない

守備選手にギリギリまでセーフティーバントをすることが分からないようにする。またボックスの中で走りながらバットに当てて、走り始めたらボールは見ない。

📢 指導のポイント

バント時の
足の位置に注意

セーフティーバントで注意しなければいけないのは、ボックスから完全に足が出て打つ不正打球だ。選手本人には確認しにくいので、客観的に見てアドバイスをするようにしよう。

バッティング
前進守備の横を抜くバントを覚える

Menu **017** バント④ プッシュバント

難易度	★★★★☆
時間	15分
回数	5球×3セット

≫ 主にねらう能力

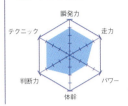

▼ やり方
1. バットとボールを用意する。
2. 打者が打席に立ち、バッティングマシンか投手が投げる。
3. 打者はプッシュバントをして一塁へ走る。

❗ 選手のポイント
セーフティーバントと併用
前進守備の横を強いバントで抜くのがプッシュバントだ。守備する選手にとって、セーフティーバントかプッシュバントかわからないのはとても守りづらい。どちらも使えるようになると俊足選手にとって大きな武器になる。

📢 指導のポイント
打ち上げに注意する
強くバントをしようとするとライナー性の打球になったり、打ち上げたりしがちだ。ランナーがいるときにはダブルプレーになってしまうもっとも悪いケースだ。転がすことを徹底させること。

押し込む

バッティング

エンドランで外された
ボール球を打つ

Menu **018** エンドラン① ピックオフ打ち

難易度	★★★★☆
時間	15分
回数	10球×2セット

» 主にねらう能力

▼ やり方

1. バットとボールを用意する。
2. 打者はボックスに入り、投手が投球する。
3. 投手は必ずピックオフのボールを投げる。
4. 打者はピックオフのボールをスイングしてバットに当てる。

出ないように

❗ 選手のポイント

思い切って
腕と体を伸ばす

ピックオフされたボールを打つ感覚を身につける練習だ。投手は必ず外角に外すので、そのつもりで思い切り腕を伸ばしてバットを振ろう。このときスイングの美しさや正確さはまったく気にしない。またこのとき足がボックスの外に出ないように注意すること。

📢 指導のポイント

スイングして
当てる

実戦では2ストライクの場面でバットを途中で止めてしまうと、「バント」と判断されて三振になってしまう。ファウルで逃げることは上級のテクニックだが、そのためにはしっかりとスイングをしなければならない。

バッティング

実戦的なエンドラン練習で判断力と反射神経を鍛える

ねらい

Menu **019** エンドラン②カウント1-1から

難易度	★★★★☆
時　間	15分
回　数	5球×3セット

» 主にねらう能力

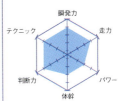

▼やり方

1. バットとボールを用意して、バッテリーが守備位置につく。
2. 打者はボックスに入って構える。
3. 攻撃側はカウント1-1でエンドランをかけることを想定する。
4. バッテリーはストライクかピックオフのどちらかで投球する。
5. カウントを数えながら、打者が空振りや三振をするか、ヒットを打つまで続ける。

 Extra

目安は5球まで

ルールがやや打者に有利なので、ファウルが5球になったら交代するなど工夫をして行う。またより実戦に近づけるために、内野手や走者をつけてやるのもおすすめだ。

 指導のポイント

ピックオフ打ちができてから

初心者がいきなりこの練習をするのは難易度が高い。最初は「ピックオフ打ち」を練習させて、ある程度打てるようになってからこちらの練習をするようにしよう。

 選手のポイント

どちらにも対応する

打者はストライクでも、ピックオフされたボールでも対応できるように準備をしておく。実戦では打者もエンドランを悟られないようにしなければならないので、打席ではヒッティングのつもりでしっかりと構えておくこと。

バッティング

インパクトの瞬間に リストを強く使う

Menu **020** タイヤ打ち

難易度	★★★☆☆
時間	15分
回数	50回×2セット

» 主にねらう能力

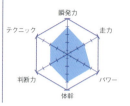

▼ やり方

1. タイヤを縦に積み上げる。
2. 傷がついたり歪んでいたりして、試合では使用できないバットを用意する。
3. タイヤに向かってスイングをする。

押し込む

選手のポイント

インパクトで リストをきかせる

タイヤを叩く位置が自分のミートポイントになるように立つ。スイングをしてバットがタイヤに当たる瞬間にグッとリストをきかせるのがポイントだ。このようにバットを押し込むことでボールに強い反発力が生まれて遠くへ飛ばすことができる。

指導のポイント

ケガ予防に グローブなどを着用

重いタイヤを叩くので、手首のケガ予防のためにグローブを着用する。またへこんでしまったバットは試合では使えないが、きれいなバットとは別に取っておいて活用しよう。

バッティング

ねらい
ヒジを締めて強くグリップをきかせる

Menu **021** 土のう叩き

難易度	★★★☆☆
時間	15分
回数	20回×3セット

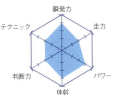

» 主にねらう能力

▼ やり方

1. 砂の詰まった土のう袋を用意する。
2. 傷がついたり歪んでいたりして、試合では使用できないバットを用意する。
3. 土のう袋の前でしゃがんで、バットを頭の上から振り下ろす。
4. 土のうを叩く瞬間にリストをきかせる。

⚠ 選手のポイント

カカトを上げて、背筋を伸ばす

しゃがんだときに背筋が曲がったり、腰が落ちたりしないように注意する。カカトを上げてふらつかないように体幹を締めてバランスを取ること。振り下ろしたバットが土のうに当たる瞬間にヒジをグッと締めてリストをきかせる。

📢 指導のポイント

ワキを締める感覚をつかむ

頭の上からバットを振り下ろすときにワキを閉じる。このように土のうを縦に叩くことで、スイング時にワキを締める感覚をつかむことができる。

バッティングに役立つトレーニング

「メディシンボール」

▼やり方

1. 3kgのメディシンボールを両手で持って、バットを構えるほうの肩の上に持ち上げる。
2. スイングをするときの要領で、体を軸回転させながらななめ下へ一気に叩きつける。

ねらい

バッティングでは頭から足までを結んだ軸を回転させてバットを振る。この軸がななめになったり、ふらついたりすると力強いスイングはできない。重いメディシンボールを持って軸回転することで、バッティングの軸を安定させるトレーニングになる。

注意点

腹筋と背筋を引き締めて、一気にすべてのパワーをボールに集中させるつもりで投げる。体の芯の強さである「体幹」をしっかり使うこと。

第2章
ピッチング

各球種の基本的なフォームを中心に、
写真とイラストを豊富に使って解説する。
相手打者を翻弄するピッチャーになろう。

ピッチング

右腕の動きだけに集中してリリースポイントを覚える

ねらい

Menu **022** ブラッシングでグラブに入れる

難易度	★★☆☆☆
時間	15分
回数	20球×3セット

» 主にねらう能力

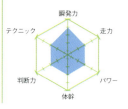

▼ やり方

1. グラブとボールを用意する。
2. グラブを前に突き出し、横を向いてボールを持った手を頭の上で構える。
3. ボールを持った手とグラブを同時に振り下ろしてくる。
4. ボールをグラブの中に投げ込む。

⚠ 選手のポイント

ブラッシングは自然に

腕が体側の近くを通るようにすると、自然に腰のあたりにヒジが触れる。意図的にヒジと腰をこするようにするのではなく、より体のギリギリでブラッシング（＝ボールのリリース）ができるように練習することが大切だ。

📢 指導のポイント

最初はグラブを固定する

初心者で振り下ろしたグラブにボールを投げ入れるのが難しいなら、グラブを太ももの辺りに固定しておこう。慣れてきたら実際のピッチングに近いフォームで腕を一回転させてやってみよう。

ピッチング

ウィンドミルの
基本的な動作を覚える

ねらい

Menu **023** ネットに向かって投げる

難易度 ★★☆☆☆
時間 30分
回数 50球×2～3セット

» 主にねらう能力

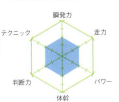

▼ やり方

1. ネットを用意する。
2. グラブとボールを持って、ネットから4～5m離れて立つ。
3. ネットに向かって投球する。

⚠ 選手のポイント

1人で手軽に
できる

ブラッシングの練習にもフォーム固めにも役に立つ練習。1人でも手軽にできる。わざわざネットを用意しなくても、グラウンドを囲む防球ネットを利用してもいい。

Extra

タオルなどを
目標にして

ネットに向かって投げると目標が漠然としてしまってコントロールの練習にはならない。そこでタオルなどをかけて、ストライクゾーンの目安にしてみよう。

📣 指導のポイント

少しずつ理想の
フォームに近づける

この練習は、さまざまな応用ができる。横向きから腕を回旋させて投げてもいいし、プレートを踏んで実際の投球フォームで投げてもいい。実力に応じて少しずつレベルアップしていこう。

43

ピッチング

投球能力を総合的に
レベルアップさせる

ねらい

Menu **024** 投げ込み

難易度 ★★★
時間 60分

» 主にねらう能力

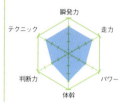

▼ やり方
1. グラブとボールを用意する。
2. 捕手に向かって投球する。

選手のポイント
ねらったところに投げる

投手は最低でもストライクに入れるコントロールがなければ試合で投げることはできない。実際に捕手に向かって投げてコントロールを向上していこう。

指導のポイント
別メニューで取り組む

野手がマシンバッティングなどを行うときに別メニューで取り組むといい。捕手とマンツーマンでコミュニケーションをとりながら、課題をクリアしていくようにしよう。

なぜ必要？
投手の総合的な能力を伸ばす

投手は1試合で100球前後のボールを投げる。そのために必要なスタミナ、コントロール、スピードなどさまざまな能力が必要だ。投げ込みはこれらを総合的に伸ばすことができる。

重要ポイント！
テーマを持って練習する

なにも考えずにただ投げていても練習の効果は上がらない。たとえば習得中の球種だけを徹底的に投げる。10球ごとに球種を変えて、さまざまな変化球を投げる。1球ごとに球種を変える。このように目的を明確にして練習するようにしよう。

実戦に生かす

1 捕手を座らせて

投げ込みのもっとも基本的なやり方は、捕手を座らせて投げる方法だ。まずは、ねらったところへコントロールできるようになろう。

2 打者を立たせて

打者を立たせることでより実戦に近いイメージができる。打者はヘルメットを着用してケガには注意すること。

3 スポンジなどで代用

打者だとデッドボールの危険があるため、内角の厳しいコースの練習はしにくい。スポンジなどで代用して練習するといい。

Extra

投げ込みのスケジュールを立てる

いくらうまくなりたいからといって、毎日100球も投げ込みをするのは肩にも体調にもよくない。曜日によって投げ込み数を決めたり、大会のスケジュールに合わせて調整したりするようにしよう。そのために練習日誌などで記録しておくと便利だ。

ピッチング

自分の最高速の球種ストレートを覚える

ねらい

Menu **025** ストレート

難易度	★★★★
時間	60分

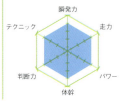

» 主にねらう能力

▼ やり方

1. グラブとボールを用意する。
2. ネット投げや投げ込みで、速球を投げる。

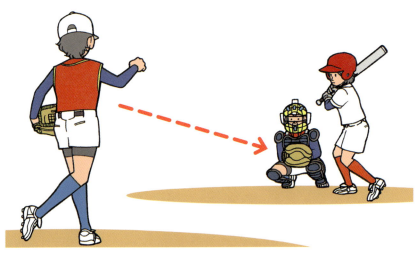

 Extra

ほぼ直線的な軌道で

ストレートはグラブまで直線的な軌道を描くのが理想だ。回転が悪いとスライダーのように横に曲がったり、カーブして落ちたりしてしまう。

 なぜ必要？

投手のもっとも速い球種

ストレートは投手が投げる最速の球種だ。これが速ければ打者に振り遅れさせることができる。またチェンジアップのような遅いボールを投げたときに緩急の差が大きくなるので打ちにくくなる。

 重要ポイント！

ドロップ系がベスト

球速は身体能力に負うところが大きい。特にライズ系のストレートは当たると飛ぶという弱点があるので、球速がないと通用しない。しっかりとしたドロップ系のストレートを身につけよう。

選手のポイント

スナップで縦回転をかける

ストレートはリリースの瞬間に後ろから前に素直に手首のスナップをきかせる。指先でボールの上面を強く押し出すようにするのがコツだ。こうするとボールには縦回転がかかるのでドロップ系のストレートを投げることができる。

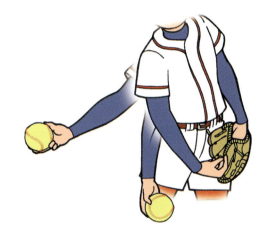

実戦に生かす

1 勝負球と見せ球

同じストレートでも勝負球として投げる場合には持っている最高の球速で、なおかつコースに気をつけて投げる。見せ球として投げるときには少し球速を落とすなど緩急をつけると打者にとっては打ちづらくなる。

2 内角と外角

ストレートで打者に振り遅れさせたり詰まった打球を打たせたい。そこで内角と外角にしっかりとコントロールできるようになろう。外角の速いボールで振り遅れさせ、内角では詰まらせることをねらう。

ピッチング

打者の手元で落ちる球種ドロップを覚える

Menu **026** ドロップ

難易度 ★★★★☆
時間 60分

≫ 主にねらう能力

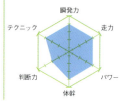

▼やり方

1. グラブとボールを用意する。
2. ネット投げや投げ込みでドロップを投げる。

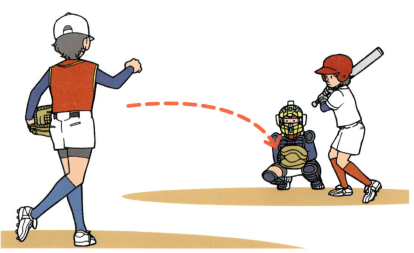

Extra
打者の手元で落ちる

ドロップには主に2種類の投げ方がある。どちらも打者の手元で鋭く落ちるのが理想だ。回転がななめだとカーブのように曲がって落ちるので、しっかりとした縦回転をかけよう。

なぜ必要？
空振りやバットの芯を外す

強く鋭い縦回転をかけることで打者の手元で落ちる。空振りをとったり、バットの芯を外したりできる変化球だ。ストレートよりも球速はやや落ちるので、打者のタイミングを外すという効果もある。

重要ポイント！
ライズ回転と明確に区別する

手の甲が下に入ってしまうとライズ回転になってしまう。ピールドロップなら手の甲は後ろを向き、指先で押し出すように投げる。ロールオーバーなら手の甲はボールの上からかぶせるようにする。

選手のポイント

ピールドロップ

指先を下に向けて、ボールの上面を指でひっかけるようにしてスナップをきかせる。

選手のポイント

ロールオーバー

手のひらを下に向けて、ボールを上からこするようにしてスナップをきかせる。

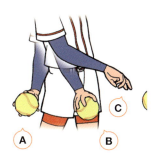

▶左の画像はAの直前、右の画像はCの直後

実戦に生かす

1 低目にコントロールする

落ちる球種なので高目に浮くと変化球としての効果は半減してしまう。打者のヒザ元へしっかりとコントロールできるようになろう。ちょっとした指先のかかりの違いでワンバウンドすることがあるので、捕手は後逸しないように注意しよう。

2 外角で引っかけさせる

外角のストライクからボールになるようなコースに配球しよう。バットの先で引っ掛けさせて内野ゴロを打たせる、といった使い方が効果的だ。

ピッチング

打者の手元で上がる球種 ライズボールを覚える

ねらい

Menu 027 ライズボール

難易度 ★★★★☆
時間 60分

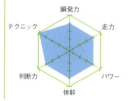

» 主にねらう能力

▼やり方
1. グラブとボールを用意する。
2. ネット投げや投げ込みでライズボールを投げる。

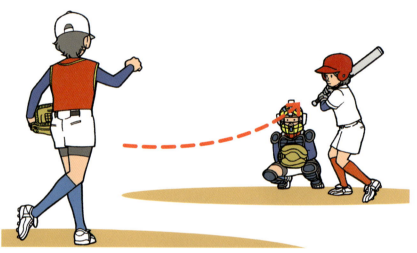

Extra 打者の手元で浮き上がる

ライズボールには2種類の投げ方がある。どちらも鋭いバックスピンをかけることで、打者の手元で浮き上がる。ルールがよく似ている野球にはないソフトボール特有の球種だ。

なぜ必要？ 見せ球として

高目にコントロールすると、打者は自分の顔に向かって浮き上がってくるように見える。この特徴を生かして、打者の目を惑わせたり、空振りさせたりする。低目にコントロールするとローライズと呼ばれる。

重要ポイント！ 当たると飛ぶという弱点

高目に投げることが多いので、バットの芯でとらえられると飛距離が出やすいという弱点がある。甘く入ると変化量は小さく見えるために注意しなければならない。

選手のポイント

手首を返して投げる

指はボールの下に入る。リリースで手首を地面に向かって返して、指先で弾くようにしてボールにバックスピンをかける。

選手のポイント

手首のひねりで投げる

手の甲が地面を向く。リリースでも手の甲は地面を向いたまま、手首のスナップをきかせてバックスピンをかける。

▶左の画像はAの直前

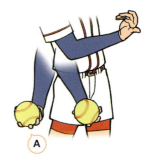

実戦に生かす

1 落ちるボールと組み合わせる

ドロップのように落ちる変化球とライズボールのように浮き上がる変化球の両方を投げられると、打者にとってねらいを絞りにくくなる。ストライクゾーンの高低をいっぱいに使おう。

2 慣れないと打つのが難しい

ボールが浮き上がるというのは重力に反する変化なので、初心者には打ちにくい球種だ。しかし過信は禁物。ねらわれて芯でとらえられると長打になる可能性が高い。コントロールやスピードには注意しよう。

ピッチング

タイミングを外す球種 チェンジアップを覚える

Menu 028 チェンジアップ

難易度 ★★★★
時間 30分

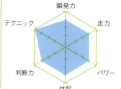

» 主にねらう能力

▼やり方

1. グラブとボールを用意する。
2. ネット投げや投げ込みでチェンジアップを投げる。

Extra
ボールに回転をかけない

チェンジアップの投げ方は何種類もある。変化ではなく、打者のタイミングを外して打ち取る球種だ。ボールにはできるだけ回転を与えないように投げるため、空気抵抗がかかってスピードが遅くなる。

 なぜ必要？
打者のタイミングを外す

ストレートのような速い球種にタイミングを合わせて待っている打者に、緩いボールを投げるとスイングのフォームは崩れる。たとえバットに当たったとしてもクリーンヒットにはなりにくい。このように打者のタイミングを外すのが目的だ。

 重要ポイント！
ストレートと同じフォームで投げる

チェンジアップは読まれると痛打を浴びる可能性が高い。このためフォームはストレートとまったく同じでなければならない。緩いボールを投げるからといって、腕の振りまで遅くなってはすぐにばれてしまう。

選手のポイント

スナップを使わない

手首を固定することで球速を落とす。リリースで手のひら全体でボールを押し出すようにする。

▶右の画像はCの直後

選手のポイント

逆手で抜くように

手の甲を前にする逆手でリリースすると、ボールを抜くような投げ方になる。スピードが遅い上に山なりのようなふわりとした軌道のボールになる。

実戦に生かす

1 打者との駆け引き

すべての変化球の基本は打者のタイミングを外すこと。ストレートとチェンジアップがあれば打者との駆け引きで打ち取ることができる。

2 低目でゴロを打たせる

チェンジアップは空振りよりも、打たせて取ることをねらう球種だ。低目にしっかりとコントロールして、ゴロを打たせるピッチングを目指そう。

ピッチング

低い軌道で遠くへ投げて球速アップを目指す

ねらい

Menu **029** 遠投① 塁間

難易度 ★★★☆☆
時間 10分

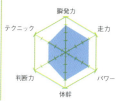

» 主にねらう能力

▼やり方
1. グラブとボールを用意する。
2. 塁間程度（約18m）離れて、ピッチングフォームのキャッチボールをする。

 なぜ必要？

下半身の引きつけが良くなる

実際のピッチングよりも長い距離を投げると、ダイナミックで大きなフォームが身につく。下半身を使って投げるので、引きつけがよくなり、球速アップが期待できる。

 重要ポイント！

最初は15m程度から

塁間は届かない場合は、まずは15m程度から始めよう。フォームが崩れたり、ムリをして肩を痛めるようなことがないように注意。慣れてきたら少しずつ距離を伸ばしていこう。

 選手のポイント

低い弾道で投げる

塁間の遠投は直線的で低い弾道で行おう。目安としてボールが頭よりも高い山なりにならないくらい。できなければ少し距離を縮めよう。

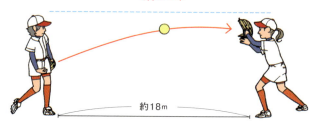

ピッチング

大きなフォームの遠投でボールに強い回転をかける

ねらい

Menu 030 遠投② 50m

難易度 ★★★☆☆
時間 10分

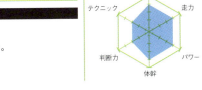

» 主にねらう能力

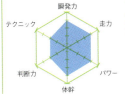

▼ やり方

1. グラブとボールを用意する。
2. 約50m程度離れて、下手投げのキャッチボールをする。

❓ なぜ必要？

ボールの回転を見やすい

滞空時間が長いため、ボールの回転を見やすい。自分のスナップの使い方が正しいかどうかを確認できる。特にライズボールのバックスピンの習得に向いている。

👉 重要ポイント！

全身を使って投げる

実際のピッチングのときのようにきっちりとしたフォームでは届かない。ウォーキング（P56）と組み合わせるなどして、大きなフォームで全身を使って投げよう。最初はムリをしないで少し短い距離から始めよう。

❗ 選手のポイント

山なりの軌道で投げる

この遠投は山なりのボールを投げる。もっとも距離が出るといわれる40度くらいの角度を目安にしよう。

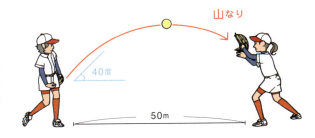

ピッチング

歩きながら投げて前に重心を乗せていく

Menu **031** ウォーキング

難易度 ★★★☆☆
時間 10分

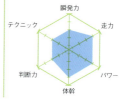

≫ 主にねらう能力

▼やり方

1. グラブとボールを用意する。
2. キャッチボールやネットなどで行う。
3. イチ、ニ、サンのリズムで歩きながら投げる。

 選手のポイント

ウォームアップとして

投げ込み前や試合前のウォーミングアップとして行うのに便利なのがこのウォーキングだ。いきなりプレートから投げるよりも、全身を大きく使えるので準備運動や肩慣らしとしての効果を期待できる。

 指導のポイント

体重を前に乗せる

ピッチングでは踏み込んだ足に体重を乗せて投げる。ウォーキングは腕の動きと連動させながら自然に重心移動を身につけることができる。

 Extra

目的によって練習方法を変える

ネットに向かってやれば1人でもできる。投手同士でやればお互いにアドバイスしながらのキャッチボールになる。遠投で行えば肩の強化になる。

ピッチング

タオルを使って
フォームチェック

ねらい

Menu 032 シャドウピッチング

難易度 ★★★
時間 30分

» 主にねらう能力

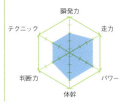

▼ やり方

1. 利き手でタオルを持つ。
2. 実際にボールを投げるときと同じフォームでタオルを回す。

！ 選手のポイント

手軽にフォームチェック

1人でできて、ボールもいらない。しかもグラブを持たなくてもできる、手軽なフォームチェックの練習だ。タオルの重さを感じながら、腕の振りを身につけよう。

📢 指導のポイント

振り始めに力を入れる

最初から力を入れていてはタオルをうまく回すことができない。振り上げるときに力を入れて、振り下ろすときは力を入れず、腕のしなりと振り上げた勢いを利用してフォロースルーまで行う。

Extra

タオルの端を団子にして持つ

タオルは端を1〜2回結んで団子をつくろう。ソフトボールほど大きくはないが、人さし指と中指を使って握りも確認しよう。また、もし重さが足りないようならタオルを濡らしてもいい。

ピッチング

自分のフォームを
ゆっくり客観的にチェック

ねらい

Menu **033** 1分間のフォームチェック

難易度	★★★★☆
時間	10分
回数	1分×10セット

» 主にねらう能力

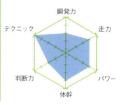

▼ やり方

1. グラブとボールを用意する。
2. セットからフォロースルーまで、1分間かけて一つひとつの動作を確認する。

主なチェックポイント / 目線 / 前傾の角度 / 手首・腕の角度 / セットまでのリズム

! 選手のポイント

クセや
ポイントを知る

1分間かけてゆっくりと自分のフォームを確認していく。目線、手首やヒジの角度、踏み込みの向きや幅といったポイントを一つひとつチェック。自分のフォームを客観的に分析するのだ。フォームが崩れたときの修正にも役立つし、クセがないかどうかの確認にもなる。

プレートから離れないように / 踏み込む幅 / トップの位置 / ブラッシング / つま先の向き / フォロースルー

ピッチング

軸足がプレートからずれる不正投球を修正する

ねらい

Menu 034 軸足を押さえる

難易度 ★★★
時間 10分

▼ やり方

1. グラブとボールを用意する。
2. プレートにセットしたところで軸足を押さえてもらう。
3. 踏み込み足を出したところで押さえている手を離す。

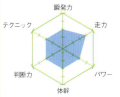

» 主にねらう能力

❗ 選手のポイント

軸足がずれるのを防ぐ

テイクバックで腕を後方へ振るときに、軸足がプレートからずれるクセがつく投手がいる。前へ飛び出す勢いをつけようとするためだが、一度クセがついてしまうと直すのが難しい。しっかりとプレートを蹴るフォームを身につけよう。

📢 指導のポイント

的確なアドバイスをする

投手本人には気づきにくいクセだ。試合で審判員から指摘されると動揺して修正は難しい。普段の練習から注意して見てあげることが必要だ。

ピッチングに役立つトレーニング

「片ヒザをついて」
ライズボールのバックスピン

▼やり方

1. 右投手なら右ヒザをついて、左足を投球する方向へ伸ばす。
2. 右手でボールを持って、腕を回転させて投げる。
3. リリースの瞬間に手首のスナップをきかせてボールにバックスピンをかける。

ねらい

後ろのヒザをつくとそちらの肩が低くなる。リリースの瞬間に手首をボールの下にスムーズに入れることができるので、バックスピンがかけやすくなる。

「手首のスナップ」
ドロップの縦回転

▼やり方

1. 指先をボールの縫い目にかけて、手の平を上に向けて持つ。
2. 手首のスナップをきかせてバックスピンをかけながら真上にボールを投げる。

ねらい

縫い目にかけた指先で、ボールに強く縦回転をかける。このとき手首のスナップを強くきかせるほど鋭い回転になる。この感覚をつかんでから実際の投球練習でドロップを投げると、習得がスムーズになる。

第3章
守備 ～基本編～

この章は基本となる守備練習を多く紹介する。
基本の守備動作をマスターすれば、エラーが減る。
選手レベルやポジションに関係なく取り組んでほしい。

守備〜基本編〜

2人組のキャッチボールで送球と捕球の基本を覚える

Menu **035** キャッチボール① 基本

難易度	★★★
時間	15分
回数	–
必要ポジション	全ポジション

» 主にねらう能力

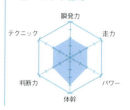

▼ やり方
1. グラブとボールを用意する。
2. 送球の基本フォームに沿ってボールを投げる。
3. 捕球の基本フォームに沿って捕球する。
4. これを繰り返す。

❗ 選手のポイント

守備の基本がキャッチボール

ボールを捕って、投げるというのはソフトボールの守備の基本だ。そのため慣れてくると雑になってしまいがちだ。ときどき基本を思い出して、フォームや握りなどを確認するようにしよう。

📢 指導のポイント

一つひとつの動作を大切に

キャッチボールは捕球から送球まで、守備の基本となる動作がすべて含まれている。基本がきちんとできれば、試合でもいいプレーができる。肩を温めるだけでなく、一つひとつの動作を丁寧に行って実戦に備えよう。

📋 Extra

10〜20m程度の距離で行う

キャッチボールは10〜20mくらいの距離で行う。肩を強めに使いたいなど、目的に応じて距離を伸ばしたり、縮めたりしよう。

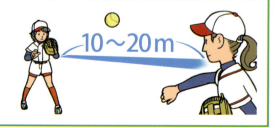

 なぜ必要?

声を出して意思疎通をはかる

キャッチボールはただボールを投げて、捕ればいいというのではない。
どこに投げてほしいのか、どんなボールを投げるのか。
声を出してお互いの意思疎通をはかりながら、高いレベルのキャッチボールを目指そう。

 重要ポイント!

送球の基本姿勢

送球のときには投げる方向に対して両肩が平行になるように構える。胸を張って両ヒジを肩と同じ方向に突き出すようにする。ここから体の軸を回転させて投げる。

捕球の基本姿勢

捕球するときにはグラブを胸の前で広げて、送球する選手から見えるように示す。もし送球がそれたときにも素早く反応できるように両足のカカトを上げて、ヒザは柔らかく曲げておく。

実戦に生かす

1 声をかけ合う

送球する選手は「投げるよ」、捕球する選手は「ここへ」といった声を出して行う。こうした声による連携はランダウンプレーやカットプレーにつながる。

守備〜基本編〜

ステップしながら捕って素早く送球する

Menu **036** キャッチボール② クイックスロー

難易度	★★★★
時間	15分
回数	20回×3セット
必要ポジション	内野手

≫ 主にねらう能力

▼やり方
1. グラブとボールを用意する。
2. クイックスローでキャッチボールを行う。

バックステップして戻る

❗ 選手のポイント

ボールの持ちかえをスムーズにする

右投げの場合、左足を前に出したタイミングで捕球し、右足にステップしている間に素早く持ちかえる。さらに左足を前に出しながら送球する。グラブを利き手の方向へ引くように捕球するとスムーズに持ちかえることができる。

📢 指導のポイント

実戦的なキャッチボール

一つひとつの動作を確認しながらゆっくりと行うキャッチボールは基礎を身につけるためにとても大切なもの。それができるようになったらクイックスローのキャッチボールに挑戦しよう。

試合の送球に近い

実際の試合になると捕球してからのんびりしているヒマはない。ステップしながら捕球し、その流れのまま送球するキャッチボールを普段からしておこう。

捕球はしっかりと確実に

送球を焦ってしまうとボールを落としたり、持ちかえるのに手間取ったりしてしまう。速く送球しなければならないが、そのためにはしっかりと捕球することが大切だ。捕球は確実に行おう。

左ページAからBの間

▶スムーズな持ちかえが素早い送球につながる

実戦に生かす

1 ワンバウンドで
送球をワンバウンドで行う。高いバウンドや速いバウンドなどバリエーションをつけて行うとより効果的だ。

2 ゴロやフライで
送球をゴロやフライで行うと簡単な守備練習のような効果も期待できる。

守備〜基本編〜

あえて悪い体勢から正確な送球をする

Menu **037** キャッチボール③
ボールを拾ってから

難易度 ★★★
時間 15分
回数 20回×3セット
必要ポジション 内野手

≫ 主にねらう能力

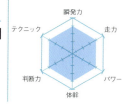

▼やり方

1. グラブとボールを用意する。
2. ボールを地面に落としてから拾って送球する。
3. 捕球した選手も一度落としてから送球する。
4. これを繰り返す。

⚠ 選手のポイント

ノーステップで投げる

ボールは下に落とすだけなので勢いはない。グラブは使わないで素手で拾う。拾ったら低い姿勢のままノーステップで、体重移動と軸回転だけで送球しよう。

📢 指導のポイント

初心者なら下に置いて

初心者は送球方向へ向かって横を向いて、後ろ足の下に置いたボールを拾って投げることから始めてみよう。

送球方向

 **なぜ必要？**

あえて悪い姿勢から送球

試合ではきれいなフォームで捕球や送球ができることばかりではない。ファンブルすることもあるし、ネットからリバウンドしたボールを拾って投げなければならないこともある。そこであえて悪い姿勢から送球する練習をするのが目的だ。

 重要ポイント！

腰を落として拾う

腰が高いままボールを拾おうとすると、ボールが手につかないなどのミスが起こる。雑に捕ろうとしないでしっかりとヒザを曲げて、低い姿勢で拾うようにする。

実戦に生かす

1 前後左右 いろいろな方向へ

グラブの側に転がすのと、利き手の側に転がすのとでは、拾うときの体の向きが変わる。前後左右いろいろな方向へ転がして行う。

2 送球しやすい方向から

ボールに対して直線的に移動してから拾うと送球しにくいことがある。そんなときは少し回り込むようにボールに向かって最速で送球できるように工夫しよう。

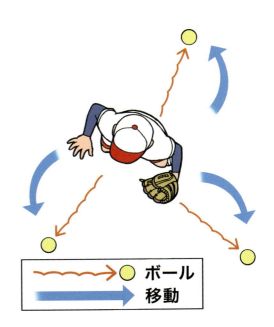

→ ボール
→ 移動

守備〜基本編〜

50m以上の遠投で強肩とコントロールを磨く
（ねらい）

Menu **038** キャッチボール④ 遠投

難易度	★★★
時間	15分
回数	20回×3セット
必要ポジション	内野手・外野手

» 主にねらう能力

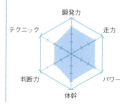

▼やり方
1. グラブとボールを用意する。
2. 30〜50m程度離れて、遠投のキャッチボールを行う。

数歩助走する

！選手のポイント
助走をつけて大きなフォームで

ボールを遠くまで飛ばすコツは、全身を使って大きなフォームで投げること。肩の強さはもちろんだが、脚力や背筋、腹筋といったパワーもボールを遠くへ投げるための大切な要素である。

📢指導のポイント
肩の強さの同じ選手同士で行う

遠投とはいっても、練習のテーマはキャッチボールだ。そのため送球したボールは選手が捕球できる範囲にノーバウンドで届くのがいい。そのためには肩の強さが同じくらいの選手同士で行わせるのがベストだ。

送球のスピードアップになる

ボールを遠くへ投げられるということは、近くの選手に速いボールを投げられるということでもある。そのため外野手ばかりでなく、内野手にとっても必要な練習だ。

指をしっかりとかける

ボールに最後まで触れているのは人差し指と中指だ。この2本の指先をしっかりとボールに引っ掛けて、強く弾くようにして投げる。これはコントロールにも影響する。

実戦に生かす

1 フライで
遠くへ投げることだけを目的にするなら40度くらいの角度でやや投げ上げる。しかし試合ではカットプレーをするのでこういった投げ方はしない。強肩をつくるための練習だ。

2 ライナーで
遠くへ投げることを目指すのではなく、スピードのあるライナー性の送球をする。距離は短めにして、相手の胸に強いボールを投げることを目指す。

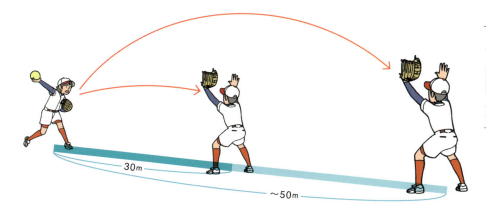

守備〜基本編〜

外野手と内野手の連係プレーを身につける（ねらい）

Menu **039** キャッチボール⑤ カットプレー

難易度 ★★★
時間 20分
回数 20回×3セット
必要ポジション 内野手・外野手

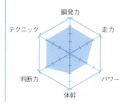

» 主にねらう能力

▼ やり方

1. グラブとボールを用意する。
2. 10〜15m程度の距離で等間隔に3人が並ぶ。
3. 両端の選手は中間の選手に送球する。
4. 中間の選手は捕球したら反転して逆方向へ投げる。
5. これを繰り返す。

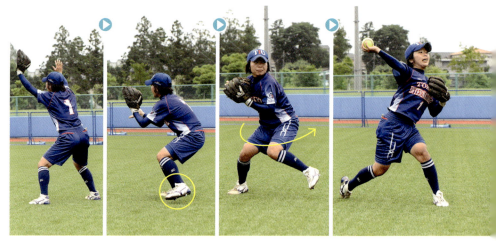

❗ 選手のポイント

声を出して要求する

実際の試合でのカットプレーをイメージして、送球する前に声を出してボールを要求する。捕球するときにグラブの側の足を引いて反転する準備をしておき、捕球したら素早くボールを持ちかえて投げる。

📢 指導のポイント

全員ができるようにする

カットプレーは試合では内野手、特に二塁手や遊撃手がやることが多い。しかし外野手が将来は内野手にコンバートされることもある。外野手でもカットプレーをする選手はどんなボールが捕りやすく投げやすいかを知ることは大切なこと。このため全員ができるようにする。

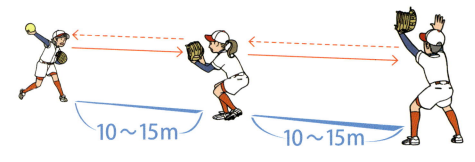

なぜ必要？

遠い送球を速く、正確に行える

外野の深いところへ飛んだ打球をそのままバックホームするよりも速く正確な送球ができる。またカットプレーをすれば、送球する塁を変更することもできる。

重要ポイント！

しっかり捕球する

カットプレーは捕球しながら体を反転する。このため送球を焦ると落球などのキャッチミスが起きやすい。慌てずしっかり捕球しよう。また180度反対方向へ送球するので、目線が一度切れる。顔を向けたときにわかりやすいように捕球する選手もグラブと声で合図を送ろう。

実戦に生かす

1 3人が直線に並ぶ

3人が「く」の字になるとボールの移動距離が長くなる。当然その分だけ時間もかかってしまう。直線に並んでしっかりと180度反対方向へ送球できるようになろう。

2 試合での応用方法

実際の試合では外野からの送球が正確でスピードもある場合、カットプレーをスルーさせることもある。このときの判断は周りの選手の声だ。ノックやケースバッティングで上級レベルのカットプレーも練習しよう。

守備 〜基本編〜

挟殺プレーで走者を確実にアウトにする

Menu **040** キャッチボール⑥
ランダウンプレー

難易度	★★★
時間	15分
回数	20回×3セット
必要ポジション	全ポジション

>> 主にねらう能力

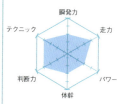

▼やり方

1. グラブとボールを用意する。
2. 選手は2組にわかれて縦に並ぶ。
3. 先頭の選手がボールを持って走り、反対から走ってきた選手に送球する。
4. 走りながら捕球して、そのまま走りながら反対の選手へ送球する。
5. これを繰り返す。

選手のポイント

走る速さと送球のタイミング

お互いがあまり近づきすぎると捕球が難しくなる。走るスピードとタイミングを考えて、早めに投げるようにしよう。

指導のポイント

投げたら横へ避ける

送球したあともライン上に残っていると次の選手のじゃまになる。投げたらすぐに横へ走り抜けよう。ぶつからないように左へ走るのが基本だ。

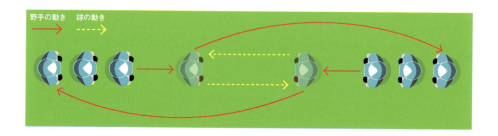

走者を確実にアウトにする

試合中に走者が塁間に挟まれることがある。この走者を確実にアウトにするための練習だ。

ボールを見せる

ボールをグラブに入れたままだと送球するのに時間がかかってしまう。手で持って見せながら走る。

相手のことを考えて投げる

大きなフォームで投げるとスピードが速すぎて捕れない。相手が捕りやすいボールを投げる。

実戦に生かす

1 前の塁へ向かって追う

実戦ではボールを持った選手が前の塁へ向かって追う。たとえば一・二塁間なら一塁から走る選手はすぐに送球し、二塁側から走者を追う。これはもし失敗したときに前の塁へ戻すことができるからだ。

2 1〜2回でアウトにする

実戦ではランダウンプレーのときの送球は1〜2回でアウトにしたい。あまり何度も繰り返しているとミスの確率が高くなるし、他の走者がいるときに進塁を許してしまうかもしれないからだ。

守備 〜基本編〜

さまざまな打球の捕球の方法を覚える

ねらい

Menu 041 捕球ドリル

難易度	★★★
時　間	20分
回　数	20回×3セット
必　要ポジション	全ポジション

» 主にねらう能力

▼やり方

1. グラブとボールケースにボールを多数用意する。
2. ボールケースからテンポよく次々とフライを投げる。
3. 選手は全力でボールに向かって走り、バウンドする前に捕球する。
4. さまざまな方向のボールを順番に行う。

 なぜ必要？

テンポよく数多く捕球練習ができる

ノックは各ポジション順番に打っていくため、捕球する回数が限られる。この練習なら捕球に特化して、数多くこなすことができるので、動作を体に覚え込ませることができる。

 選手のポイント

球際に強くなる

走るときは両手を思いきり振って、最高速で走る。捕球の直前にグラブを出して、腕と体を目いっぱい伸ばして捕球する。これを覚えると前後左右の守備範囲が広くなり、フライの球際に強くなる。

 指導のポイント

ボールを出すタイミング

この練習はボール出しのタイミングがとても大切だ。楽にボールに追いついてしまうと球際の練習にならないし、完全に追いつけないとわかってしまっては追う意欲がなくなってしまう。ギリギリで追いつくか追いつかないかのフライを投げるようにしよう。

実戦に生かす

1 横方向

ボールに対して直角の位置関係で捕球する。左右どちらも行う。

2 前方向

ボールに直線的に向かって捕球する。ヒザよりも低い位置で捕球できるようにする。

3 右後方

右利きの選手にとってグラブの側で捕球する。グラブを高く上げて迎えに行くような捕球はしないように注意。ボールが落ちてくるのを待つこと。

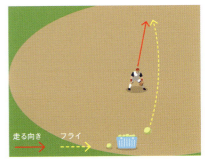

4 左後方

右利きの選手にとってグラブと逆側で捕球する。体はななめ後方を向くが、目線はボールから切らないようにする。

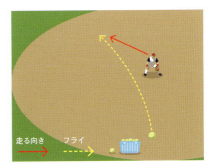

守備 〜基本編〜

キャッチャーの捕球の基本を身につける

Menu **042** 捕手①
マシンのボールをキャッチ

難易度	★★★
時　間	30分
回　数	20回×5セット
必要ポジション	捕手

≫ 主にねらう能力

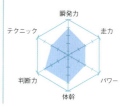

▼ やり方

1. バッティングマシンとボールを用意する。
2. 捕手は防具をすべて身につけてミットをつける。
3. キャッチャーズボックスでマシンのボールをキャッチする。

選手のポイント

安定感があって素早く動ける姿勢

捕手は他の野手とは反対方向を向いて構える。どっしりと構えて、野手に安心感を与えられるのがいい捕手だ。それでいてバントやワイルドピッチには素早く移動できなければならない。安定感と俊敏さを両立させるようにしよう。

① 両肩を平行に構えて、大きく見せる。
③ ミットを顔の前に大きく広げておく。
② カカトを上げて、腰を浮かせる。
④ 反対の手は体の後ろに隠して、ファウルの打球が当たらないようにする。

指導のポイント

速球に慣れる

マシンの速度を速めに設定して、捕球練習をする。スピードに目を慣れさせて、各コースの捕球の方法を覚えるのが目的だ。

実戦に生かす

1 高目に構える

グラブだけを高く上げるのではなく、中腰になって目線そのものを高くする。

2 低目に構える

グラブを低く構える。背中を丸めて顔とグラブを近づける。

3 左右に構える

体ごと移動して、ストライクゾーンの左右の辺にグラブを合わせる。

4 左右への移動

移動する方向の足を最初に動かして、あとから重心を乗せる。

守備 ～基本編～

盗塁した走者を刺すための素早い送球を覚える

Menu **043** 捕手②
クイックスロー

難易度	★★★
時間	20分
回数	10回×3セット
必要ポジション	捕手

>> 主にねらう能力

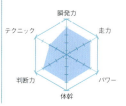

▼やり方

1. 捕手はミットと防具をすべてつけて、ボールを用意する。
2. キャッチャーズボックスで構え、4～5mの距離から捕手に向かって投げる。
3. 捕球したらクイックスローで二塁へ送球する。

❗ 選手のポイント

素早く正確に送球

走者が盗塁をしたときにできるだけ素早く送球するのがクイックスローだ。だからといって悪送球をしてしまうと、さらに進塁を許してしまうことになる。素早さと正確さを両立したクイックスローを覚えなければならない。

📢 指導のポイント

練習方法はいろいろある

練習方法はレベルに応じていろいろある。4～5mのところから投げて行うのが基本。初心者ならボールを使わずフォームだけをチェックしてもいい。上級者ならピッチングマシンでもできる。

 なぜ必要？

防具をつけていても素早く動く

より試合に近い状況で練習をするために、捕手はノックのときもマスクや防具を付けて行う。実戦でも身軽な動きができるように、脚力や腹筋、背筋などを総合的にトレーニングしよう。

 重要ポイント！

送球を焦らない

素早く投げなければならないからといって、捕球する前から立ち上がったり、前に出たりしないこと。キャッチミスして後逸したら、さらにピンチを広げることになる。捕球するまでは座っていて、捕球から送球の動作を速くし、ボールのスピードを速くすることを考えよう。

実戦に生かす

1 ステップは送球方向へ

右投げなら左足を前にステップして投げる。この足の向きは送球方向へ真っすぐに出すこと。これがななめだと送球に力が入らなかったり、悪送球の原因になったりする。

2 ボールの持ちかえをスムーズに

捕球と同時にミットを利き腕の方向へ引きながら、ミットの面を後ろへ返す。こうすると利き手でボールを捕りやすくなり、持ちかえがスムーズにできる。また、持ちかえと同時に足をステップして投げる体勢に入る。

3 送球は低く鋭く

送球は山なりにならないように注意する。コントロールが一番大切なので、もし届かないなら、ワンバウンドで低く鋭いボールを投げるようにする。

守備 〜基本編〜

コントロールミスしても後逸しない体の使い方

Menu **044** 捕手③
ショートバウンドの捕球

難易度	★★★
時　間	20分
回　数	20回×5セット
必　要ポジション	捕手

» 主にねらう能力

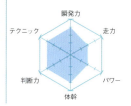

▼ やり方

1. 捕手はミットと防具をすべてつけて、ボールを用意する。
2. キャッチャーズボックスに入り、4〜5mの距離からワンバウンドのボールを投げる。
3. 捕手は後逸しないようにキャッチもしくは、前に転がす。

つき指防止のため、てのひらを投手に見せる

⚠ 選手のポイント

全身を使って止める

ショートバウンドに対して、まずボールの正面に入って両ヒザをつく。股下はミットでふさぎ、最後に上体を前傾する。全身を使ってボールを止めよう。ボールを怖がって顔をそむけたりしないこと。

📣 指導のポイント

いろいろなバウンドを試す

実戦ではホームベースの前でバウンドすることもあるし、後ろですることもある。角度もさまざまだし、左右へ大きくずれることもある。実戦を想定していろいろなバウンドを投げるようにしよう。

安心感を持たせる

投手はワイルドピッチをしても捕手が止めてくれると信頼していれば思いきったピッチングができる。特に低目を積極的に攻めるために、捕手は身につけるべき技術だ。

股下をミットでふたをする

ボールが通り抜けやすいのは股下だ。ここをミットでふたをしよう。またもし弾いたとしても前にこぼれるように前傾姿勢をとろう。

実戦に生かす

1 最短でボールの正面に入る

左右にそれた投球に対して、最短の距離で素早く正面に入る。もしミットにボールが入らなくても後ろにそらさないように、ホームベースに体を向けて移動するのがポイントだ。

2 素早く構え直す

実戦では捕球が成功したら素早く立ち上がろう。走者が飛び出しているようならピックオフをねらえることもある。

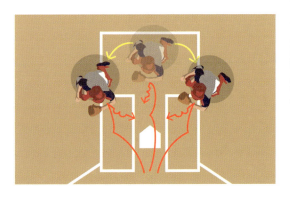

守備に役立つトレーニング①

「股関節ストレッチ」

▼やり方

1. 両足を左右に大きく開いて、その姿勢をキープする。
2. 両足を前後に大きく開いて、その姿勢をキープする。

ねらい

内野手や捕手は低い姿勢で構えて、どの方向にも素早く動き出せるように準備していなければならない。低い姿勢で構えるためには股関節の柔軟性が大切だ。股関節の可動域を広げることで、ケガをしない体をつくることもできる。

注意点

ソフトボールに限らず、スポーツをするうえで一番大切なのはケガをしないこと。柔軟性は日々のトレーニングで少しずつ改善されていくが、やらないとすぐに元に戻ってしまう。短時間でいいので継続して行うようにしよう。

第4章
守備 〜応用編〜

実戦に近い動きを習得できるメニューを紹介する。
打球に対して体が自然に反応するようになるのが理想だ。
やや難しいが、何度も練習して身につけよう。

守備〜応用編〜

ポジションに応じた捕球と送球を身につける

Menu **045** ノック

難易度	★★★☆☆
時間	60分
回数	−

» 主にねらう能力

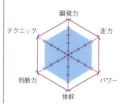

▼ やり方

1. ボールを入れたボールケースとバットを準備する。
2. 選手はグラブをつけて各ポジションにつく。
3. ノッカーは各ポジション順番に打つ。
4. 選手は捕球して各塁へ送球する。

 選手のポイント

捕球から送球までをレベルアップ

ノックは実際にバットで打った打球を捕球して、各塁へ送球する。手で投げたボールとは違って、生きた打球なので捕球から送球までの技術をレベルアップできる。

 指導のポイント

打球の方向と強さが大切

ノックではノッカーの技術がとても大切だ。ねらったところへ、思い通りの強さで打つことができれば、ポジションごとに必要な打球をピンポイントで練習できる。選手の球際を強くするために、ノッカーは技術の向上に努めたい。

Extra

守備適性を見極める

ポジションによって必要な能力や役割が違う。監督やコーチはノックによって守備適性を見極めて、最適なポジションにつかせるようにしよう。

実戦に生かす

二塁手・遊撃手
内野守備の要。守備範囲の広さ、捕球・送球の素早さと正確さ、ダブルプレー、ランダウンプレーのときの連携、投手への声かけなどあらゆる能力が求められる。

三塁手
打者に一番近い位置で守備をするので、打球に対する反応とセーフティーバントなど、打者を分析する力が必要になる。

外野手
野手最後の砦のため後逸は許されない。飛球に対する反応の速さ、打球を追うときの走力が大切になる。カバーリングを的確にすること。

一塁手
バント処理や、野手からの送球を確実に捕ることが求められる。守備面では悪送球に対応できること、さらに打撃に秀でた選手だとなおいい。

捕手
投手が投げたボールを捕球する特殊なポジション。捕球の正確さや肩の強さ、配球を考えたり、打者を観察したりする洞察力が必要だ。

Extra

ノックの意味

ノックの目的は捕球に対して成功体験をさせること。特に試合の前には捕れる打球を当たり前に捕るという確認をすることが大切だ。逆に鍛えるためのノックは試合のない時期に徹底的に行うなど工夫する。

守備〜応用編〜

正面に飛んだゴロを捕球してから送球する

ねらい

Menu 046 正面のゴロを捕球

難易度 ★★★☆☆
時　間 30分
回　数 －

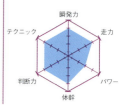

» 主にねらう能力

▼ やり方

1. ノッカーが打つ。
2. 打球を捕球してから送球する。

⚠ 選手のポイント

バウンドに合わせる

正面のゴロは、打球をよく見ることが大切。強いゴロでも怖がらず、ボールがどの高さにバウンドした時に捕球するかを瞬時に判断することが求められる。

📢 指導のポイント

ポジションと打球の質

強弱をつけて正面にゴロを打つ。選手には確実に正面に入って捕球することを徹底させる。

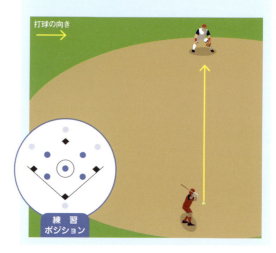

守備～応用編～

左右へ移動して打球の正面に入り捕球する

ねらい

Menu 047 左右のゴロを正面で捕球

難易度	★★★☆☆
時間	30分
回数	－

» 主にねらう能力

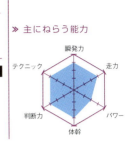

▼ やり方

1. ノッカーが打つ。
2. 打球を捕球してから送球する。

選手のポイント

打球方向へ素早く移動する

左右のゴロはできるだけ素早く打球の正面に入る。そのためにグラブをつけた腕もしっかりと振ること。打球の正面に入る直前にこまかく歩幅を合わせて捕球体勢に入る。

指導のポイント

ポジションと打球の質

守備範囲へ打つ。ノッカーは選手が打球の正面に入れる範囲に、的確な強さで打つ。これは選手の能力によって変わってくるので、見極めることが大切だ。

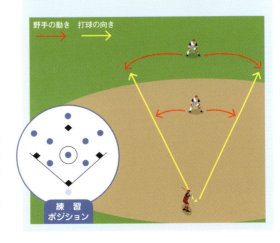

守備〜応用編〜

打球の正面で捕球して
サイドスローで送球する

ねらい

Menu 048 捕球してサイドスロー

難易度	★★★☆☆
時間	20分
回数	20球×5セット

» 主にねらう能力

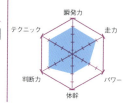

▼やり方
1. ノッカーが打つ。
2. 打球を捕球して、サイドスローで送球する。

⚠ 選手のポイント

ノーステップで素早く

ランナー一塁で遊撃手がダブルプレーを取るときに使うテクニック。捕球したらノーステップのサイドスローで送球する。グラブを利き手の肩の方向へ引き上げるとボールの持ちかえがスムーズにできる。

📢 指導のポイント

ポジションと打球の質

より多く使うのは遊撃手だが、内野手全体に必要なテクニックだ。打球の正面に入り、体重移動を使って送球することを覚えさせる。

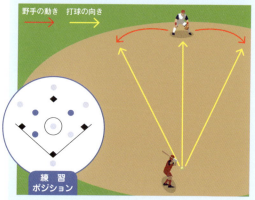

守備〜応用編〜

打球の正面で捕球して逆方向へクイックスロー

ねらい

Menu 049 捕球してクイックスロー

難易度	★★★☆☆
時間	20分
回数	20球×5セット

» 主にねらう能力

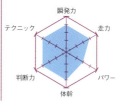

▼ やり方
1. ノッカーが打つ。
2. 打球を捕球して、クイックスローで送球する。

⚠ 選手のポイント

素早く体を反転させる

捕球したらグラブを引き上げつつ、素早く体を反転させる。このとき右足を引き過ぎると動作が大きくなり、時間がかかってしまう。両足は平行になるようにしよう。

📢 指導のポイント

ポジションと打球の質

二塁手は二塁へ、遊撃手は三塁へ送球するときに役立つテクニックだ。正面に入れる範囲に、ある程度強い打球を打つ。打球はベースから数m離れたところをねらいつつ、選手のレベルに合わせて調節する。

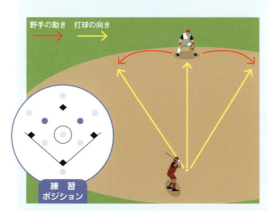

野手の動き　打球の向き

練習ポジション

守備〜応用編〜

シングルハンドで捕球して一塁へ送球する

ねらい

Menu **050** シングルハンドの捕球と送球

難易度	★★★☆☆
時間	30分
回数	—

» 主にねらう能力

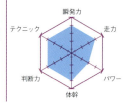

▼ やり方

1. ノッカーが打つ。
2. 打球をシングルハンドで捕球して、送球する。

右足の前で捕球するとスムーズ

⚠ 選手のポイント

速いゴロを片手で捕球する

打球が速くて正面に入れないとき、グラブを伸ばして片手で捕球する。特にグラブの側のゴロを片手で捕ることをシングルハンドキャッチという。捕球したらすぐに低い体勢のまま、クイックスローで投げること。

📢 指導のポイント

ポジションと打球の質

主に二塁手と遊撃手にとって必要。三塁手や左利きの一塁手もできるとベストだ。ノックは選手の能力に合わせて、守備範囲ギリギリに速い打球を打つ。10数cm単位でノックをコントロールしないと効果的な練習にならない。

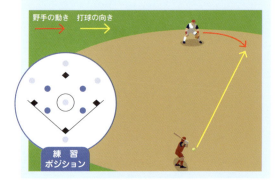

野手の動き　打球の向き　練習ポジション

守備〜応用編〜

逆シングルで捕球して一塁へ送球する

Menu **051** 逆シングルの捕球と送球

難易度	★★★☆☆
時間	30分
回数	−

» 主にねらう能力

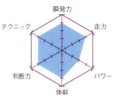

▼ やり方

1. ノッカーが打つ。
2. 打球を逆シングルハンドで捕球して、送球する。

踏ん張る

⚠ 選手のポイント

グラブと逆の打球を片手で捕る

グラブとは逆方向の打球が速くて正面に入れないとき、グラブだけを伸ばして片手で捕球する。これを逆シングルという。捕球したらスパイクの裏で地面をしっかりとらえて、力強く体勢を立て直す。体が流れてしまうと悪送球になりやすいので注意しよう。

📣 指導のポイント

ポジションと打球の質

二塁手、遊撃手は覚えておきたいテクニックだ。一塁手ができると一・二塁間の守備が固くなる。ノックは追いつけるギリギリの位置に速い打球を打つ。一塁手の場合、グラブが届く範囲に強烈な打球を打つようにする。

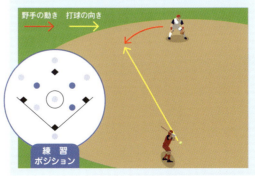

野手の動き　打球の向き
練習ポジション

守備〜応用編〜

前進してゴロを捕球してジャンピングスローで送球

Menu **052** ジャンピングスロー

難易度	★★★★★
時間	30分
回数	−

» 主にねらう能力

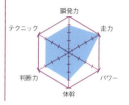

▼やり方
1. ノッカーが打つ。
2. 打球を捕球してジャンピングスローで送球する。

片手

踏みきり

⚠ 選手のポイント

右足で地面を蹴って投げる

全速力で前進して片手で捕球。上体を起こしながら右足で地面を蹴って踏みきり。下半身と上半身をねじるように使って投げる。空中で送球するからこそ姿勢をしっかりと保たないと悪送球になってしまう。

📣 指導のポイント

ポジションと打球の質

プッシュや送りバントの処理など、非常に素早い送球が求められるときに使うが、難易度が高いのでムリはしないこと。ノッカーはバウンドが高いゴロと地面を這うものを打ち分けると、さらに実戦に近い練習ができる。

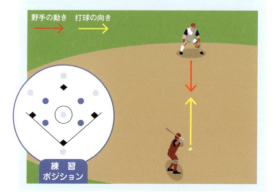
野手の動き　打球の向き
練習ポジション

守備〜応用編〜

前進してゴロを捕球して
ランニングスローで送球

Menu 053 ランニングスロー

難易度	★★★★☆
時間	30分
回数	−

» 主にねらう能力

▼ やり方

1. ノッカーが打つ。
2. 打球を捕球してランニングスローで送球する。

両手

踏みきり

！ 選手のポイント

走りながら送球する

全力で前進して両手で捕球。走るのを止めずに右足で踏みきって、ほぼ腕だけを使って投げる。ジャンピングスローよりも難易度は高目なので守備が得意な選手が習得を目指そう。

📢 指導のポイント

ポジションと打球の質

二塁手、三塁手、遊撃手が覚えたい。三塁手はバント処理のとき。二塁手や遊撃手は深い守備を敷いているときの前の打球の処理に強くなる。ノッカーは定位置から前に走らせるような弱めのゴロを打つ。

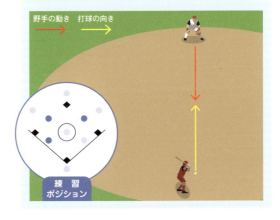

野手の動き　打球の向き

練習ポジション

守備〜応用編〜

グラブに近いほうの
ベースにトスで送球する

Menu **054** グラブ方向へのトス

難易度	★★★☆☆
時　間	30分
回　数	－

» 主にねらう能力

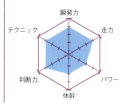

▼ やり方

1. ノッカーが打つ。
2. 打球を捕球して左へトスする。

見せる

⚠ 選手のポイント

ダブルプレーをねらうときに有効

近い距離から上手投げで投げると、球が速すぎて捕球しづらい。そんなとき下手からふわりとした送球を行う。胸を相手に向けて、ボールが相手からよく見えるようにトスする。特にダブルプレーをねらうときに二塁ベースへ投げる場合に有効だ。

📢 指導のポイント

ポジションと打球の質

内野手すべてに必要なテクニック。実戦に生かせるよう、速いトスと弱いトスを使い分けさせる。ノッカーは各塁から3〜4m離れたところへゴロを打つ。

野手の動き　打球の向き

練習ポジション

守備〜応用編〜

利き手に近いほうの
ベースにトスで送球する
（ねらい）

Menu 055 利き手方向へのトス

難易度	★★★☆☆
時間	30分
回数	−

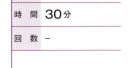

» 主にねらう能力

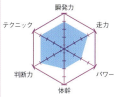

▼ やり方
1. ノッカーが打つ。
2. 打球を捕球して右へトスする。

見せる

⚠ 選手のポイント
手のひらで投げ上げる
利き手の方向へトスをする。上手で投げるには体を反転させなければならないが、トスならその手間を省くことができる。体重移動を使って投げるのがコツだ。ベースから遠いときはクイックスローで投げよう。

📢 指導のポイント
ポジションと打球の質
内野手のうち、二塁手と遊撃手はそれぞれ二塁、三塁へ送球するときに使う大切なテクニックだ。ノッカーは各塁から3〜4m離れたところへゴロを打つ。

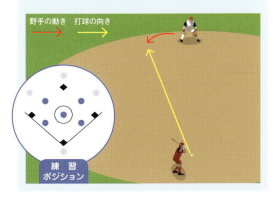
野手の動き　打球の向き
練習ポジション

守備〜応用編〜

前進してゴロを捕球してそのまま前方にトスする

Menu **056** 前方にグラブトス

難易度	★★★☆☆
時間	30分
回数	－

» 主にねらう能力

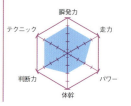

▼やり方
1. ノッカーが打つ。
2. 打球を捕球して前にグラブトスをする。

⚠ 選手のポイント

グラブで押し出すようにトス

走者を三塁に置いて、エンドランやスクイズの場面。ボールを持ちかえずにホームに返球するテクニックだ。素早さがとても必要になるケースで使うので、ボールをグラブの面に乗せ、体重移動を使って押し出すようにトスをする。

📢 指導のポイント

ポジションと打球の質

投手、一塁手、三塁手に必要なテクニックだ。ホームベース以外でのグラブトスは、難易度が高くリスクが大きい。ノックはホームベースから2〜3mのところへ転がし、確実に捕球できる弱めの打球にする。

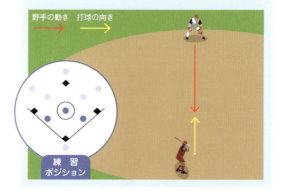

守備〜応用編〜

正面に飛んでくる
フライを捕球する

ねらい

Menu **057** 正面のフライを捕球

難易度	★★★☆☆
時間	30分
回数	−

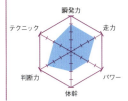

≫ 主にねらう能力

▼ やり方

1. ノッカーがフライを打つ。
2. 打球を捕球する。

⚠ 選手のポイント

落下地点を予測する

フライを捕球するためには落下地点を見極めなければならない。打球をよく見て、強さや角度などから判断する。これには何度も練習して慣れるのが一番だ。風の強さや打球の回転なども考えられるようになると上級者レベルだ。

指導のポイント

ポジションと打球の質

フライ捕球は全ポジションの選手ができなければならない。ノッカーはゴロと同じように、ねらったところへ打てるのが理想だ。最初は定位置に近いところへ打って慣れさせよう。それでもうまくいかないときは手で投げたフライを捕ることから始めてみる。

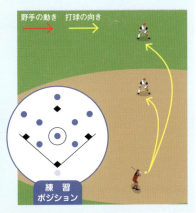

守備〜応用編〜

打球の落下方向を予測して捕球する

Menu **058** 捕手のフライ捕球

難易度	★★★☆☆
時間	30分
回数	20球×5セット

» 主にねらう能力

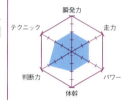

▼やり方

1. ノッカーがフライを打つ。
2. 打球を捕球する。

！選手のポイント

バックネット側を向いて捕球する

捕手へのファウルフライはボールに強烈なバックスピンがかかり、風とは関係なく投手方向へ戻りながら落ちてくる。このため振り向いて捕球したほうがボールを見やすい。同じ理由でフェアゾーンに落ちそうなときは一塁手や三塁手に任せたほうがいい。

📣 指導のポイント

ポジションと打球の質

必要なポジションはもちろん捕手。ノッカーにとってほぼ真上にフライを打つのは難しい。ボールを投げ上げてもいいが、やはり打球とは軌道が変わってくる。練習の質を高めるために打てるようになりたい。

守備〜応用編〜

捕球から送球を素早くして
タッチアップを阻止する

Menu 059 フライを捕球してバックホーム

難易度	★★★★☆
時間	30分
回数	20球×5セット

≫ 主にねらう能力

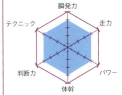

▼やり方

1. ノッカーがフライを打つ。
2. ステップしながら捕球してバックホームする。

ステップしながら

⚠ 選手のポイント

捕球から送球を素早く行う

三塁走者がタッチアップをねらう場面で、バックホームを前提にした捕球方法。落下地点の数歩手前でボールを待って、ステップしながら捕球。前に出た勢いを利用してバックホームする。

📢 指導のポイント

ポジションと打球の質

外野手に必要な捕球方法だ。ノックは選手が余裕を持って追いつける位置でありながら、タッチアップをねらえる飛距離があるのが望ましい。バックホームするまでが一連の流れなので、しっかりと捕手に返球させるようにする。

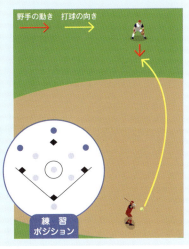

野手の動き　打球の向き

練習ポジション

守備～応用編～

前方に落下しそうな打球を腕を伸ばしてキャッチする

ねらい

Menu 060　小フライを捕球

難易度	★★★☆☆
時間	30分
回数	20球×5セット

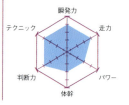

» 主にねらう能力

▼やり方

1. ノッカーが小フライを打つ。
2. 前進して腕を伸ばして捕球する。

⚠ 選手のポイント

ギリギリまでグラブを出さない

両腕をしっかりと振って全力で打球を追う。グラブを出すのはボールが落ちてくる直前。上体を前傾させて、精いっぱい腕を伸ばして捕球する。捕れなくてもショートバウンドでグラブに入れよう。実戦なら走者が飛び出していることも多いので、すぐに体勢を立て直すこと。

📢 指導のポイント

ポジションと打球の質

全ポジションに必要な捕球方法だ。内野手はバントが小フライになることが多い。外野手なら内野の頭を越えた小フライが多い。ノッカーは選手の走力を考慮してギリギリ追いつく打球を打ち、球際の捕球を覚えさせる。

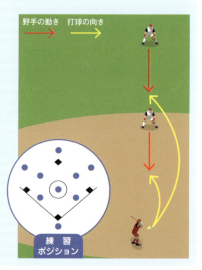

守備〜応用編〜

ねらい
前方に落下しそうな打球を滑りながらキャッチする

Menu 061　スライディングキャッチ

難易度	★★★★☆
時間	30分
回数	20球×5セット

» 主にねらう能力

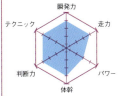

▼やり方
1. ノッカーがフライを打つ。
2. 足からスライディングして捕球する。

⚠ 選手のポイント

足から滑ってキャッチする

腕を伸ばしても届かなそうな打球、ファウルの打球をスライディングしながら捕球する。地面ギリギリで捕球でき、すぐに立ち上がって次の動作に移ることができるメリットがある。また、ネットやフェンスがある場合、足から滑ることでケガの防止につながる。

📢 指導のポイント

ポジションと打球の質

主に外野手が使うテクニックだ。実戦では後逸してしまうと長打を許すことになるので注意が必要だ。右中間や左中間で他の外野手がカバーに入れるときには思いきってチャレンジしたい。また、頭から飛び込んで捕球するのが怖いと感じたときにも使うことができる。

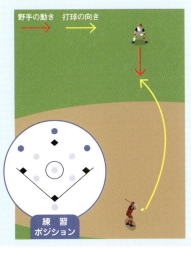

守備〜応用編〜

最短距離で打球を追って長打になるのを防ぐ

ねらい

Menu **062** 後方のフライを捕球

難易度	★★★☆☆
時間	30分
回数	20球×3セット

≫ 主にねらう能力

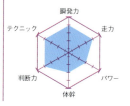

▼ やり方

1. ノッカーがフライを打つ。
2. 打球を追って捕球する。

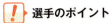 選手のポイント

打球のほうへ体を向ける

体がななめや横を向いたまま打球を追わない。打球の方向へ肩、腰、つま先を向けて、顔だけ振り返るようにする。

 指導のポイント

ポジションと打球の質

投手と捕手以外の全ポジションで行う。特に外野手にとっては大切な捕球方法だ。ポップフライよりややライナー性の打球で守備範囲のギリギリをねらう。

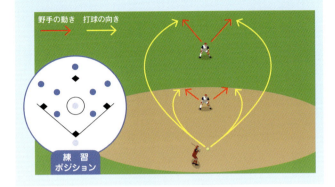

 なぜ必要？

半身のまま捕球する

ライナー性の速い打球で完全に落下地点に入れないとき、体が半身のまま捕球しなければならない。不安定な体勢での捕球になるので、手首を返してキャッチする必要がある。

 重要ポイント！

走る距離が守備範囲になる

打球を追うときは両手をしっかり振ってスピードに乗ること。ここで走る距離が守備範囲の広さということになる。グラブを出すのは捕球の直前でいい。

 Extra

フリスビーで捕球練習

初心者はボールが落ちてくるのを待てずに、グラブで迎えに行くような捕球をしてしまう。そんなときは、フリスビーを使って地面に近い位置でキャッチする練習をしてみよう。球際でキャッチする感覚が身につくはずだ。

守備〜応用編〜

風やスピンなどで曲がって落ちてくる打球を捕球する

ねらい

Menu **063** 体の向きを変えてフライを捕球

難易度	★★★★☆
時間	30分
回数	20球×3セット

» 主にねらう能力

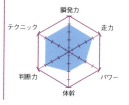

▼ やり方

1. ノッカーがフライを打つ。
2. 最初に打球と反対に走ってから体の向きを変えて捕球する。

! 選手のポイント

**素早く
振り返って
打球を
見つける**

わざと打球の方向とは反対に走ってから、素早く体の向きを変えて打球を追う。これは実戦で目測を誤ったときや、風やスピンで打球が曲がったときを想定した練習だ。

📢 指導のポイント

**ポジションと
打球の質**

投手と捕手以外の全ポジションに必要な技術。打球からあえて目線を切るので、最初のうちは楽に追いつけるような簡単なフライで行うようにする。

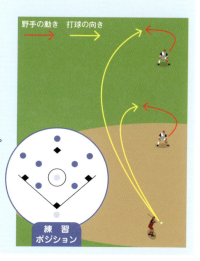

守備〜応用編〜

ネットに当たって弾かれた打球を処理する

Menu **064** リバウンドの処理

難易度	★★★☆☆
時間	30分
回数	20球×3セット

≫ 主にねらう能力

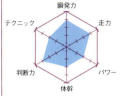

▼ やり方
1. ノッカーはネットに届くような打球を打つ。
2. はね返ったボールを拾って返球する。

⚠ 選手のポイント
ノーステップで投げる

打球を追いながらはね返る方向を予測する。はね返ったボールに勢いがあるならグラブで、なければ素手で捕る。内野手がカットプレーに入り、送球はノーステップで素早く行う。

📢 指導のポイント
ポジションと打球の質

外野手に必要な守備。特にいつもと違うグラウンドで試合をするとき、ネットやグラウンド状態を確認するために行う。右翼線、左翼線、右中間、左中間にライナー性の打球やフライを打ち、さまざまな状況を想定して練習する。

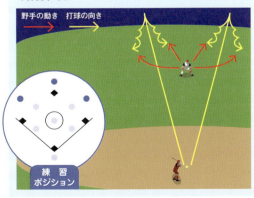

守備〜応用編〜

全力で前進してゴロを捕球
素早くバックホームする

Menu 065 ゴロを捕球してバックホーム

難易度	★★★☆☆
時間	30分
回数	20球×3セット

» 主にねらう能力

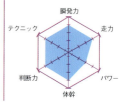

▼ やり方

1. ノッカーは鋭い打球を打つ。
2. 野手は前進して捕球し、素早くバックホームする。

踏みきり

⚠ 選手のポイント

捕球する前に全力で前進

二塁走者がホームをねらうシチュエーションを想定する。点を取られないために、打球まで全力で走り、できるだけ前で捕球して素早く低い弾道で送球しよう。

📣 指導のポイント

ポジションと打球の質

外野手に必要な守備方法だ。一・二塁間、二遊間、三遊間を抜く鋭いゴロや、内野の頭をこえるようなポテンヒットを想定してノックを打ち分けると、より実戦的な練習ができる。

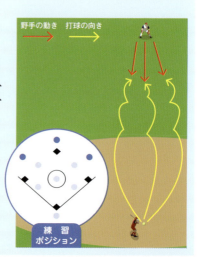

野手の動き　打球の向き

練習ポジション

守備〜応用編〜

抜かれそうな打球を回り込むように捕球する

Menu 066 左右のゴロの追い方

難易度	★★★☆☆
時間	30分
回数	20球×3セット

≫ 主にねらう能力

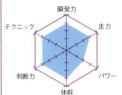

▼ やり方

1. ノッカーはさまざまなヒット性の打球を打つ。
2. 適切な方法で打球を追って捕球する。

! 選手のポイント

正面に回り込んで確実に捕球

内野をこえて外野に転がってきた打球は、ほぼヒットになる。他に走者がいないなら慌てず、打球の正面に入って確実にグラブに収めるようにする。

📢 指導のポイント

ポジションと打球の質

クリーンヒット、外野手の横を抜けそうな強烈な打球、内野の頭をこえるポテンヒットなどを想定。ノッカーは外野にさまざまなヒット性の打球を打つようにする。

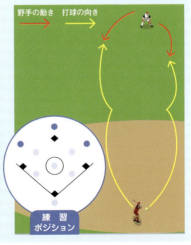

野手の動き　打球の向き

練習ポジション

守備〜応用編〜

一塁手のバント処理範囲と各塁への送球を覚える

Menu **067** バント処理【一塁手】

難易度	★★★☆☆
時間	30分
回数	20球×3セット

≫ 主にねらう能力

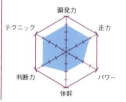

▼ やり方

1. 弱いゴロを打つ。
2. 一塁手は前進して捕球し、各塁へ送球する。

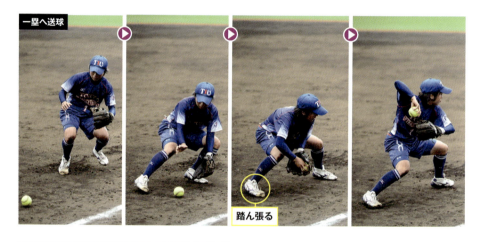

一塁へ送球　　踏ん張る

二塁へ送球　　踏ん張る

実戦に生かす

1 素早い反応と送球
バント処理では捕球するまでのスピードが一番のポイント。実戦のバントを予測できる場面では心構えをしておくことが大切だ。

2 守備範囲の確認
走者の有無、どこの塁にウェイトを置くのか、そして打球の方向によって誰が処理するのかが変わってくる。捕手や三塁手との守備範囲の確認をする必要がある。

3 声によるサポート
捕手、一塁手、三塁手のうちバント処理をしない選手はどこへ送球するか声で指示を出す。

！選手のポイント

打球への入り方

一塁手（右利き）は一塁と二塁へ送球するときは打球の右から、三塁へ送球するときは打球の左から入る。左利きの場合はすべて左から入る。

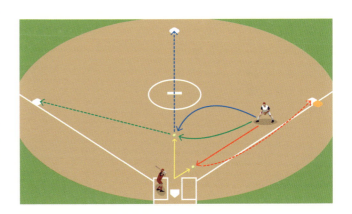

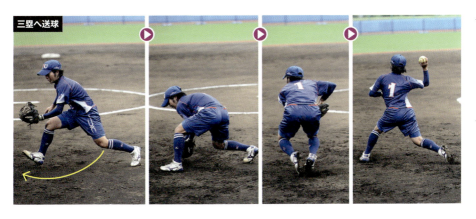

三塁へ送球

守備〜応用編〜

三塁手のバント処理範囲と各塁への送球を覚える

ねらい

Menu **068** バント処理【三塁手】

難易度	★★★☆☆
時 間	30分
回 数	20球×3セット

» 主にねらう能力

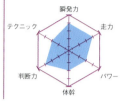

▼やり方

1. 弱いゴロを打つ。
2. 三塁手は前進して捕球し、各塁へ送球する。

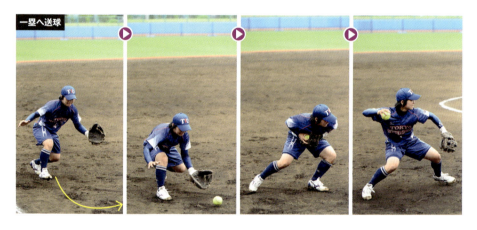

一塁へ送球

二塁へ送球

実戦に生かす

1 バント処理の主役
打球への入りやすさ、送球体勢の整えやすさは三塁手が一番。このためバント処理の主役といえる。

2 ポジショニング
バントが予測される場面では極端な前進守備をとる。打者がバントの構えをしたら全力で前へ出て、素早く対応できるようにしよう。

3 変化にも対応する
打者によってはバントの構えからプッシュバント、ヒッティングなどに変化させてくることもある。予想と違う攻撃をされても臨機応変に対処できるようになろう。

！ 選手のポイント

打球への入り方

基本的に打球の右側から入る。打球を最短で捕りにいくのは鉄則だが、三塁へ送球するときは直線的に、一塁へ送球するときは弧を描くように入ると流れるようなバント処理ができる。

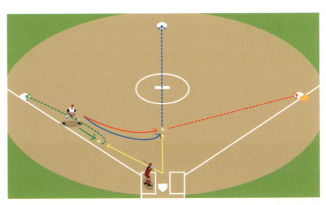

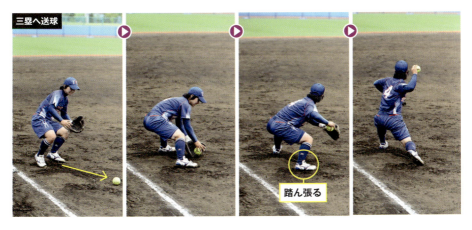

三塁へ送球

踏ん張る

守備〜応用編〜

捕手のバント処理範囲と各塁への送球を覚える

ねらい

Menu **069** バント処理【捕手】

難易度	★★★☆☆
時間	30分
回数	20球×3セット

≫ 主にねらう能力

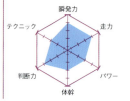

▼やり方
1. 弱いゴロを打つ。
2. 捕手は前進して捕球し、各塁へ送球する。

一塁へ送球

二塁へ送球

実戦に生かす

1 挟み込むように捕球する
捕手が処理しなければならないバントは、ボールに強いスピンがかかっていて、不規則に変化することが多い。グラブと利き手で挟み込むように確実に捕球する。

2 走者を確認する
捕手は走者のスタートも視界に入る。二塁、三塁に送球すればアウトにできることもある。積極的にねらってみよう。

3 打者の足の位置に注目
打者はバントすることに集中するあまり、バットにボールが当たった瞬間にバッターボックスから足が出ていることがある。この場合打者がアウトになるので、足もとも注目しておくといい。

選手のポイント

打球への入り方

バントが短く、他の野手が捕りずらい位置に転がったときに処理する。素早くマスクを外して、確実に捕球、各塁へ真っすぐに踏み込んで力強く送球する。

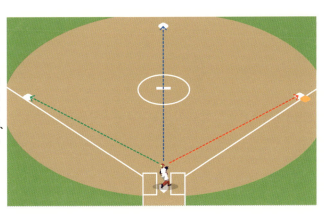

三塁へ送球

守備に役立つトレーニング②

「馬跳び〜トンネルくぐり」

▼やり方

1. 2人1組で1人が馬になり、もう1人が跳び箱の要領で跳ぶ。
2. 跳んだら素早くしゃがみ、馬の下をくぐる。
3. くぐり終わったら素早く立って、再び馬跳び。これを繰り返す。

ねらい

馬跳びで瞬発力を、低い姿勢でくぐる動作で俊敏性を養う。守備では低い姿勢でゴロを捕球したり、窮屈な姿勢で捕球してから体勢を立て直したりしなければならない。このときの体の使い方を身につけることができる。

注意点

のんびり行うとトレーニングの効果は半減する。できるだけ素早く、連続した動作で行うようにしよう。くぐるときに片足をすべり込ませたら、残りの足を引き抜くようにするのがコツだ。

第 5 章

走塁

基本の走塁技術となる、ロスの少ない走り方や
状況に応じたスライディングを紹介する。
また、楽しみながら足が速くなる練習も公開している。

走塁

スライディングの基本技術を身につける

Menu 070 スライディング① 足から

難易度 ★★★☆☆
時間 10分

≫ 主にねらう能力

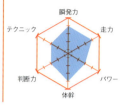

▼ やり方

1. ベースを用意して、ヘルメットをかぶる。
2. 塁間（約18m）程度の距離からスタートして全力でベースへ走る。
3. ベースの2〜3m手前でスライディングする。
4. ベース上で立ち上がる。

お尻で滑る

⚠ 選手のポイント

全速力からスライディングする

当たり前のことだが、走るときに手を抜かずに全力で走る。スライディングするときのことを考えて、途中でスピードを落としがちなので注意しよう。またスライディング後にベース上でふらつかずに立ち上がることも大切だ。

📢 指導のポイント

俊足選手の武器にする

俊足選手にとって、スライディングが速く鋭いことや、最短距離で正確に滑れることは大きな武器になる。瞬発系のトレーニングと合わせて行い、スライディングテクニックを高めていこう。

二塁、三塁への走塁に必須

走者は一塁と本塁は駆け抜けることができるが、二塁と三塁は勢い余ってベースから離れてしまうとタッチアウトになる。スライディングはタッチをよけたり、ベースで止まるために必須の技術である。

まずは恐怖心を克服する

スライディングができない理由は、恐怖心が大きい。守備選手と接触する可能性もある。最初は3mくらい離れたところから1歩だけ走って、滑るという練習をして、スライディングの感覚を少しずつ覚えていこう。そこから少しずつ距離を伸ばしていくといい。

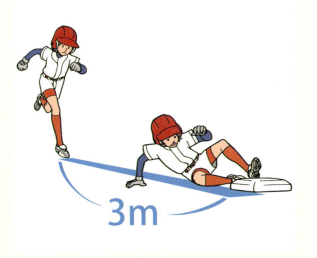

実戦に生かす

1 二塁への走塁
一塁から二塁への走塁時は打球が自分で見えることが多い。打球の方向と守備位置を頭に入れながら、スライディングをするのかオーバーランをするのか決める。

2 三塁への走塁
二塁から三塁への走塁時は打球が見えないことが多い。このとき三塁コーチからの指示が頼りになる。まずはコーチが声で指示を出すこと。それと同時に①スライディング②オーバーラン③本塁へ突入、が区別できる簡単なジェスチャーを決めておくと便利だ。

走塁

タイヤを動かすほど力強くスライディングをする

ねらい

Menu **071** スライディング②
タイヤに滑り込む

難易度	★★★☆☆
時間	10分

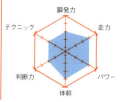

» 主にねらう能力

▼ やり方

1. タイヤを1個用意する。
2. 塁間（約18m）程度離れてタイヤに向かってスタートする。
3. タイヤにスライディングをする。

押す

❗ 選手のポイント

**本塁上の
クロスプレーを
イメージ**

クロスプレーのとき、捕手は本塁をブロックすることができる。こうなると軽いスライディングでは弾き返されてしまう。タイヤを使って力強いスライディングを身につけよう。

📢 指導のポイント

**スパイクの歯を
相手に向けない**

クロスプレーにより、野手がヒザや腕に裂傷を負うケースがある。その多くは、走者がスパイクの歯を野手に向けてスライディングしたことが原因。ケガを防ぐために、走者は伸ばすほうの足を地面すれすれにキープしてスライディングしよう。

走塁

ねらい: 守備がミスをしたらすかさず先の塁をねらう

Menu 072　スライディング③ 直角に再スタート

難易度 ★★★☆☆
時間 10分

» 主にねらう能力

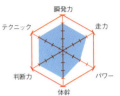

▼ やり方

1. ベースを用意する。
2. 塁間（約18m）程度の距離からスタートして、ベースにスライディングする。
3. 立ち上がったら、間を空けずに直角に再スタートする。

❗ 選手のポイント

ターンの方向に注意する

写真のように左足でベースタッチするなら内回りでターンしよう。右足でベースタッチするならそのまま右足でベースを蹴って、左へ方向転換するとスムーズだ。

❓ なぜ必要?

守備の乱れをつく走塁練習

塁上でクロスプレーになったとき、ボールが逸れたり、落球したりすることがある。そんなときに素早く体勢を立て直して、先の塁をねらうための走塁練習だ。

👆 重要ポイント!

常に先の塁を意識する

スライディングが終わって安心していると、ボールが逸れたときに判断が一瞬遅くなる。試合ではプレーが途切れるまでは気を緩めない、ボールから目を離さない、といった集中力が大切だ。

走塁

オーバーランやピックオフで役立つ帰塁方法を覚える

Menu **073** スライディング④ ヘッドスライディング

難易度 ★★★☆☆
時間 10分

» 主にねらう能力

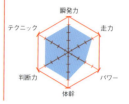

▼ やり方

1. ベースを用意する。
2. 塁間（約18m）程度の距離からスタートして、ベースにヘッドスライディングする。

⚠ 選手のポイント

低い姿勢から飛び込む

走っている姿勢から上半身を少し前傾して、頭と腰の位置を低くしてからスライディングする。高いままだと胸や腹への衝撃が強くなってしまうので注意しよう。

📢 指導のポイント

選手のレベルに応じて

ダイナミックな動作で滑るために、ムリをするとケガにつながる。全員ができるようにならなくても問題ない。選手の運動能力やレベルに応じて取り組むようにしよう。

Extra

ケガ防止のために

手のひらや指先を保護するために、スポーツ用手袋や軍手をつけよう。

なぜ必要？
スライディングの バリエーション

場面によっては足からのスライディングよりもヘッドスライディングのほうが理にかなっていたり、速かったりする。どちらもできるようになろう。

重要ポイント！
立ち上がるときに ベースから離れない

ヘッドスライディングを使うようなケースは、多くがタッチプレー。つまりベースから離れた状態で野手からタッチされるとアウトになる。滑ったあとはベースに足をつけてから手を離し、立ち上がること。

実戦に生かす

1 不意に送球されたときに便利

ヒットなどで各塁を踏んでオーバーランをしたとき、守備が不意打ちをするように自分の塁へ送球してタッチアウトをねらうことがある。そんなとき、上体を倒しながら滑れるヘッドスライディングならとてもスムーズにできる。

2 ベースの角へ入る

ピックオフプレーやオーバーランからの帰塁するとき、野手の位置をよく見て、空いているベースの角に滑るようにする。図のようにななめに入って手だけを伸ばせばタッチをかいくぐることもできる。

走塁

野手の立ち位置に応じたスライディングを覚える

Menu **074** スライディング⑤
3方向から滑る

難易度 ★★★★☆
時間 10分

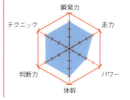

》主にねらう能力

▼やり方
1. ベースを用意する。
2. 塁間（18m）程度の距離からスタートして、スライディングをする。
3. 3種類のスライディングを順番に行う手でベースタッチをする。

手でベースタッチ

正面にスライディング

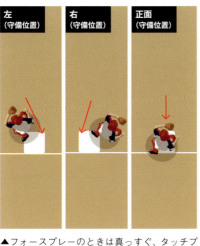

| 左
（守備位置） | 右
（守備位置） | 正面
（守備位置） |

▲フォースプレーのときは真っすぐ、タッチプレーのときは野手から遠いほうに滑る

選手のポイント

守備の位置を見て判断

フォースプレーなら塁へ直線的に滑って一瞬でも速くベースにタッチしたほうがいいが、タッチプレーの場合スライディングの方法によってセーフになりやすいことがある。守備の位置によって滑る方向とスライディング方法を変える練習をしよう。

指導のポイント

スライディングができてから

フックスライディングと手でのベースタッチはレベルが高いテクニックだ。普通のスライディングができるようになってからチャレンジしよう。

実戦に生かす

1 タッチをかいくぐる
胴体は大きくてタッチされやすい。手や足など小さな部位でベースの角に滑り込んでタッチをかいくぐろう。

2 左右を試してみよう
スライディングは選手によって滑りやすい足が異なる。写真とは逆に、右足を伸ばして滑るパターンも試してみよう。

3 ベースから離れないように注意
フックスライディングや手でベースにタッチすると、立ち上がるときに手や足がベースから離れてしまい、タッチアウトになることがある。最後まで油断しないこと。

フックスライディング

走塁

スピードを落とさない
コーナリングを身につける
（ねらい）

Menu 075　ベースランニング① 基本技術

難易度 ★★★★☆
時間 10分

» 主にねらう能力

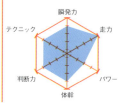

▼ やり方
1. ベースから約1m外側にマーカーを並べる。
2. ホームベースからスタートして、ダイヤモンドを1周する。
3. 全力で走りつつ、マーカーよりも外側へ膨らまないように注意する。

❗ 選手のポイント

体をななめに傾ける

ベースを回るときにスピードを落とさないことが一番のポイント。ベースの手前で少し膨らんで、角度をつけてベースに入る。このとき体をななめに傾けて、重心を内側へ倒すようにするとコーナリングが楽になる。

📢 指導のポイント

ベースの外側にマーカーを並べる

コーナリングの目安にベースの外側約1m程度のところにマーカーを並べて行う。ベースの内側の角を蹴って、マーカーの内側を走ろう。

走塁

打球の方向と強さで到達できる塁を判断する

Menu 076 ベースランニング② 到達塁を宣言

難易度 ★★★★☆
時間 10分

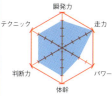

» 主にねらう能力

▼ やり方

1. 守備をすべてつける。
2. 投手の投げたボールを打者が打つ。
3. 打者は打った瞬間に自分が到達するポイントを宣言する。
4. 返球されるまでに、宣言した地点まで走ってから帰塁する。

⚠ 選手のポイント

打球の方向、強さから判断する

選手は打った瞬間に、打球の方向と強さ、自分の走力から判断して、到達できるポイントを宣言する。たとえばシングルヒットで一塁をオーバーランするなら「1.3」、外野の間を大きく抜きそうで二塁をオーバーランするなら「2.2」といった具合だ。

📢 指導のポイント

塁間を10分割する

塁間を10分割したポイントを宣言する。すべてのポイントにラインを引く必要はない。頭の中でイメージしたものを宣言しよう。

走塁

内野ゴロのときの一塁ベースまでの走塁

Menu **077** 一塁ベースの駆け抜け

難易度 ★★☆☆☆
時間 10分

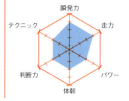

≫ 主にねらう能力

▼ やり方

1. ヘルメットをつけてバットを用意する。
2. 打席で素振りをして、一塁へ走る。
3. オレンジベースを踏んで駆け抜ける。

! 選手のポイント

内野ゴロのときの走塁

打球が内野ゴロになったとき、打者走者は一塁へ全力で走る。一塁への送球よりも早ければセーフになる。打球は見ずに一直線でオレンジベースを目指そう。ベースを踏んだらすぐに止まり、ボールの位置を確認する。

指導のポイント

ベースの手前を踏む

一番近いベースの手前を踏めば、それだけ早くベースに到達できる。だからといってベースの手前で歩幅を合わせるようでは逆に遅くなってしまう。スピードを落とさずにベースの手前を踏むのが理想だ。

走塁

塁の少し先まで走って先の塁をねらいつつ止まる

Menu **078** オーバーラン

難易度 ★★☆☆☆
時間 10分

» 主にねらう能力

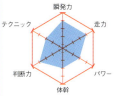

▼ やり方

1. ヘルメットをつけてバットを用意する。
2. 打席で素振りをして、一塁へ走る。
3. 白色ベースを踏んで一塁を回ったところで止まる。

踏ん張る

❗ 選手のポイント

シングルヒットのときの走塁

打球が内野の間を抜けたり、外野手の前に落ちたりして、シングルヒットになりそうなときの走塁方法だ。一塁の手前で少し膨らんで、スピードを落とさずに体をななめに傾けてベースに入る。ベースを踏んだらボールを確認しながら止まる。

📣 指導のポイント

ベースの角を踏んで鋭く回る

ヒットになることが確実な場面の走塁だが、相手のミスが出ればさらに二塁をねらう意識が大切だ。ボールの位置を確認しながら走ろう。

走塁

本塁上のクロスプレーを避けて生還するテクニック

ねらい

Menu **079** ボールケースを回り込む

難易度 ★★★☆☆
時間 10分

≫ 主にねらう能力

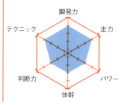

▼ やり方

1. 本塁の横にボールケースを置く。
2. 走者は三塁から本塁へ走る。
3. ボールケースを回り込むようにスライディングして手でベースにタッチする。

❗ 選手のポイント

タッチすれば離れてもOK

二塁や三塁ではベースから離れてしまったらタッチアウトの危険があるが、本塁はその心配がない。ベースに一度タッチすれば離れてしまっていいのだ。腕を伸ばせばベースに届く距離感をつかもう。

❓ なぜ必要？

対捕手の予行練習として行う

ボールケースで行うと「回り込む」感覚をつかみやすい。対捕手で行うための予行練習として行うのに便利だ。

👆 重要ポイント！

思いきって体を横に滑らせる

他のスライディングとは滑る方向が違うことに注目しよう。バックネットへ向かって走り、ボールケースを避けたら上体を倒して腕をベースに伸ばす。思いきって体を横に滑らせよう。

走塁

捕手のブロックに対する恐怖心をなくす

Menu 080 捕手の股下へ

難易度 ★★★★☆
時間 10分

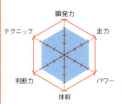

» 主にねらう能力

▼ やり方

1. 捕手は防具をつけて本塁の横に両足を大きく広げて立つ。
2. 走者は三塁から本塁へ走る。
3. 捕手の手前でスライディングをしてそのまま股下を滑り抜ける。

! 選手のポイント

接触プレーは行わない

接触によるケガを防ぐために、スライディングしたら捕手の股下を滑り抜けること。このとき捕手は両足を大きく広げておく。走者は体を小さくして、コンパクトに滑るようにしよう。

? なぜ必要?

ブロックを怖がらないために

実際の試合では回り込めずに捕手のブロックに突入しなければならない場面がある。防具をつけている捕手に当たっていくのは怖い。恐怖心を取り払うのが目的だ。

重要ポイント!

スピードを緩めない

ベース手前で走るスピードを緩めてしまうと股下を滑り抜けられない。最後まで全力で走って、一気に抜けるようにしよう。

走塁

塁間のタイムを計測して走塁や盗塁に生かす

Menu **081** 走塁&盗塁

難易度 ★★★☆☆
時間 10分

» 主にねらう能力

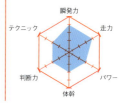

▼ やり方

1. タイマーを用意する。
2. 走者は一塁から走って二塁へスライディングをする。
3. 二塁ベースの近くでスタートの合図を出し、タイムを計る。

❗ 選手のポイント

自分に合ったスタートを見つける

ベース上の構え方は右ページで紹介している主に3種類がある。どれが正解ということはなく、それぞれによさがある。また選手によってタイミングの取りやすさや、投球の見やすさなどが違う。いろいろ試してみて、自分に合ったスタート方法を見つけよう。

📢 指導のポイント

タイムを目安に走塁を強化

走塁には足の速さ以外にもさまざまな要素がからみ合う。スタートの反応の速さ、加速力、スライディングのテクニックなどだ。ここで計測したタイムをひとつの目安として、個々の選手の課題を見つけて、走塁を強化していこう。

客観的に走塁を分析する

タイムを計るということは塁間を走るスピードが客観的な数字として表れる。これを知ることで走塁に対する取り組みの方向を決める目安になる。

 重要ポイント！

スタートの集中力をつける

タイムの計測では合図でスタートするが、試合では投手の手からボールが離れたときがスタートのタイミング。この瞬間に集中して、いいスタートが切れるようにしよう。

実戦に生かす

1 ベースを挟む

離塁は前足がベースから離れた瞬間になる。つまり1歩分加速してスタートすることができる。タイミングを合わせるのがうまくいけば盗塁に有利になる。

2 後ろ足をベースにかけて

後ろ足が離れた瞬間がスタートなのでタイミングを合わせやすい。ベースを陸上のスターティングブロックのように使えるのも利点だ。

3 横向きで

両足を平行にして、投手を向いて構える。ピッチングを見やすいというメリットがある。スタートの瞬間、つま先とヒザを次の塁の方向へ向けるようにしよう。

走塁

ゲーム形式で楽しみながらベースランニングを覚える

ねらい

Menu **082** ベースランニング・リレー

難易度 ★★☆☆☆
時間 10分

▶ 主にねらう能力

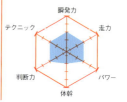

▼やり方

1. ボールを2個用意し、選手を2チームにわける。
2. ボールをバトンにして、1人がダイヤモンドを1周するリレーを行う。
3. 最後の走者が投手プレートにボールを置いたらゴール。

見せる

選手のポイント

投手プレートがゴール

ホームベースと二塁ベースが、それぞれのチームのスタートとバトンタッチの場所。各チームの走者はそこで待機する。最後の走者は1周したら投手プレートにボールを置く。

指導のポイント

走力を均等にチームわけする

塁間走のタイムなどを参考にして、両チームの走力が均等になるようにチームわけする。半周の差がつくとバトンタッチと走塁が重なってしまうことがあるので注意。

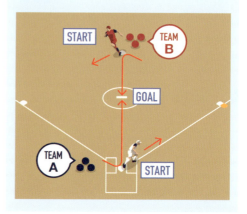

走塁

走塁のさまざまな動きを取り入れたトレーニング

Menu **083** 塁間を使ったトレーニング

| 難易度 | ★★☆☆☆ |
| 時間 | 10分 |

▼やり方

1. 一二塁間に2〜3m感覚で馬をつくる。
2. 走者は本塁からスタートして、馬跳び、サイドステップ、バックステップで1周する。

» 主にねらう能力

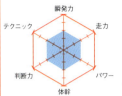

ダッシュ

馬跳び

サイドステップ

バックステップ

⚠ 選手のポイント

さまざまな動きを行い、身のこなしを覚える

サイドステップやバックステップなどで、素早い身のこなしを身につけよう。実戦で馬跳びをすることはないが、野手が走者のスライディングをよける瞬間のジャンプなど、キレのある動きやケガの予防につながる。

📢 指導のポイント

4種類のトレーニングを行う

一塁まではダッシュ。二塁までは馬跳び。三塁まではサイドステップで中間点で左右を変える。本塁まではバックステップで行う。

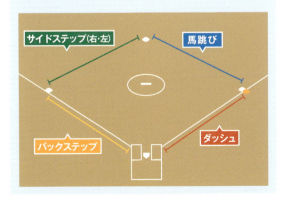

走塁に役立つトレーニング

「シャトルラン」

▼やり方

1. 約30mの間隔で目印のコーンを置く。
2. スタートの合図で全力で走り、コーンでターンして戻る。
3. 数本を1セットとして、数セット行う。

ねらい

ダッシュを連続して行うことで、心肺機能を高め、持久力をつけることができる。また、ターンするときの俊敏性はランダウンプレーなどに生かすことができる。

第 6 章
ケース別攻撃＆守備

普段の実戦練習でも、実際の試合でも使える
ケースごとの戦術を守備・攻撃別に解説。
これまでの成果を、実戦練習で積極的に試そう。

ケース別攻撃&守備

投球、打撃、守備、走塁を実戦に近い形で行う

ねらい

Menu **084** ケースバッティング

難易度 ★★★★☆
時間 40〜60分

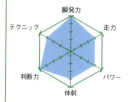
主にねらう能力

▼ やり方

1. 攻撃チームと守備チームにわかれて、試合形式で進めていく。
2. 攻撃側は1番から9番まで順番に打席に立ち、得点を目指す。
3. 守備側は失点しないように、打者や走者をアウトにすることを目指す。
4. ボール、ストライク、アウトはカウントしながら進める。ただし3アウトでチェンジはしないで、もう一度無死に戻して続ける。
5. 攻撃と守備は表裏一体なので、それぞれにテーマを持たせて行うことで効果的な実戦練習ができる。

❓ なぜ必要？

個人技をチーム戦術に生かす

ヒットが打てる、バントができるといった個人技が上達しても、各人が好きなように打席に立っていては得点のチャンスは広がらない。状況によって、なにをすれば得点に近づけるのかを考える力をつけていくようにする。

 重要ポイント！

一つひとつケースを覚える

実戦では、一瞬で判断してプレーしなければならない。そのためにまず、ケースごとの動きを覚えよう。また、効果的な練習にするために、個人技をある程度身につけてから実戦練習に取り組もう。

実戦に生かす

1 テーマを決める

攻撃側なら、たとえば「無死一塁」だけ、「一死三塁」だけといった具合に、テーマを決めて重点的に練習することも効果的だ。

2 得意な部分を伸ばす

バントが得意なら、その成功率を100%に近づけるように努力しよう。試合の大事な場面で、緊張感の中でも確実に決められるようになるのが目標だ。

3 苦手を克服する

練習で失敗するのは大切なこと。苦手な部分だけを徹底的に繰り返して、克服していこう。できないことを克服すれば自分の武器がひとつ増え、それがチーム力になる。

 選手のポイント

複数の技を持つ

攻撃側はひとつの状況で、ひとつの攻撃法しかないと戦術の幅は広がらない。バントもできる、エンドランもできる、カットが上手、選球眼がいい、安打が打てる…。という相手チームにとって嫌な選手を目指そう。守備側は実際の試合のときのように声をかけ合って、意志を統一させよう。

 指導のポイント

選手の長所を見つける

長打をねらうパワーがあるのか、バットコントロールがうまいのか。俊足か、判断力があるのかなど選手の長所を見つけて的確にアドバイスをすることが大切になる。チームの中での役割を与えて、それに沿った技術をつけさせていくとチーム力がアップする。

≫ やじるしの見方（次ページ図）

ケース別攻撃&守備

無死一塁からの攻撃パターンを実践する

Menu **085** 無死一塁【攻撃】

難易度	★★★★☆
時間	40分

» 主にねらう能力

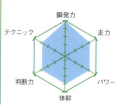

▼ やり方

1. 無死一塁の状況でケースバッティングの攻撃を行う。
2. 第一のねらいは走者を二塁に進めること。
3. レベルが上がってきたら、打者も一塁へ生きるような攻撃パターンを目指す。

基本の考え方

❶ 打者は最低でも走者を二塁へ進めることをねらう。そのためには一塁線へバントをして、一塁手、投手、三塁手に捕らせるのがセオリーだ。

❷ ヒッティングは右方向へ打つことを徹底しよう。

送りバント、セーフティーバント

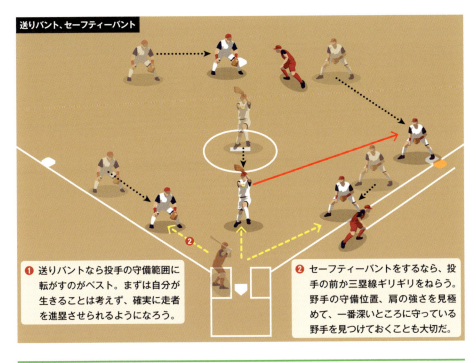

❶ 送りバントなら投手の守備範囲に転がすのがベスト。まずは自分が生きることは考えず、確実に走者を進塁させられるようになろう。

❷ セーフティーバントをするなら、投手の前か三塁線ギリギリをねらう。野手の守備位置、肩の強さを見極めて、一番深いところに守っている野手を見つけておくことも大切だ。

エンドラン、プッシュバント

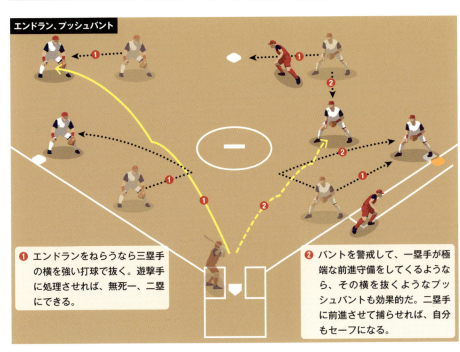

❶ エンドランをねらうなら三塁手の横を強い打球で抜く。遊撃手に処理させれば、無死一、二塁にできる。

❷ バントを警戒して、一塁手が極端な前進守備をしてくるようなら、その横を抜くようなプッシュバントも効果的だ。二塁手に前進させて捕らせれば、自分もセーフになる。

ケース別攻撃＆守備

無死一塁からの守備パターンを実践する

Menu **086** 無死一塁【守備】

難易度 ★★★★☆
時間 40分

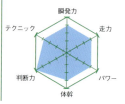

» 主にねらう能力

▼ やり方

1. 無死一塁の状況でケースバッティングの守備を行う。
2. 最低でも打者をアウトにするような守備を行う。
3. 打球の強さや方向によっては一塁走者のアウトや、ダブルプレーをねらう。

基本の考え方

❶ 警戒しなければならないのはバント。一・三塁手は前進守備に切りかえる。

❷ 外野の間を抜かれると二・三塁、もしくは1点になってしまう。長打がありえる打者なら外野手はやや深い守備位置をとる。

❸ 捕手は盗塁されることも頭に入れ、野手に指示を出して守備位置を変更したり、配球を組み立てたりする。

送りバント

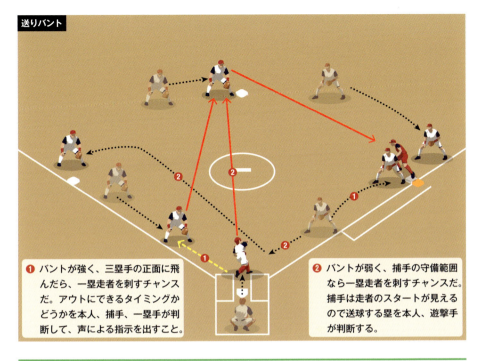

❶ バントが強く、三塁手の正面に飛んだら、一塁走者を刺すチャンスだ。アウトにできるタイミングかどうかを本人、捕手、一塁手が判断して、声による指示を出すこと。

❷ バントが弱く、捕手の守備範囲なら一塁走者を刺すチャンスだ。捕手は走者のスタートが見えるので送球する塁を本人、遊撃手が判断する。

ヒッティング、プッシュバント

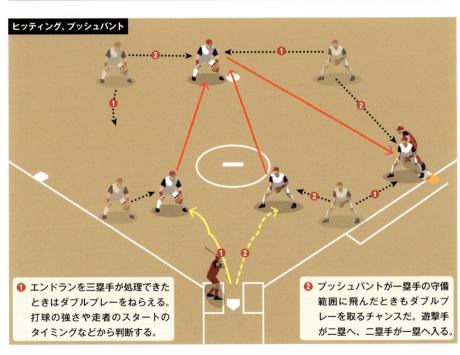

❶ エンドランを三塁手が処理できたときはダブルプレーをねらえる。打球の強さや走者のスタートのタイミングなどから判断する。

❷ プッシュバントが一塁手の守備範囲に飛んだときもダブルプレーを取るチャンスだ。遊撃手が二塁へ、二塁手が一塁へ入る。

ケース別攻撃&守備

無死二塁からの攻撃パターンを実践する

Menu **087** 無死二塁【攻撃】

難易度
時間 40分

▶ 主にねらう能力

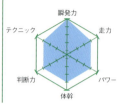

▼ やり方

1. 無死二塁の状況でケースバッティングの攻撃を行う。
2. フライで飛び出すなどがない限りダブルプレーはないので、強行策、エンドランで右方向をねらう。
3. 単純なバントで一死三塁よりも、セーフティーなどで守備を揺さぶる。

基本の考え方

❶ 確実にランナーを進め、一死三塁をつくる。三塁手、一塁手、投手の前にバントをしよう。

❷ 一・三塁手が極端な前進守備をしてくるようならプッシュバントもねらえる。

❸ ヒッティングは右方向に。右翼種の深い位置にフライを打てば、タッチアップで進塁させることができる。

バント

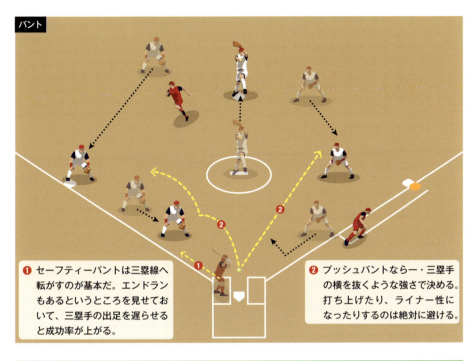

❶ セーフティーバントは三塁線へ転がすのが基本だ。エンドランもあるというところを見せておいて、三塁手の出足を遅らせると成功率が上がる。

❷ プッシュバントなら一・三塁手の横を抜くような強さで決める。打ち上げたり、ライナー性になったりするのは絶対に避ける。

ヒッティング

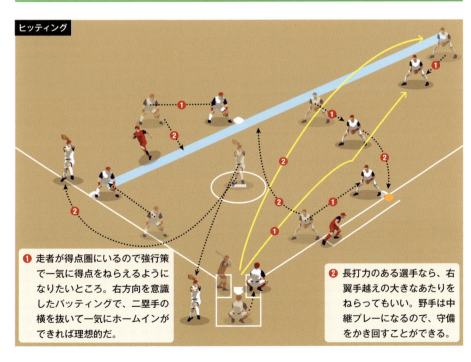

❶ 走者が得点圏にいるので強行策で一気に得点をねらえるようになりたいところ。右方向を意識したバッティングで、二塁手の横を抜いて一気にホームインができれば理想的だ。

❷ 長打力のある選手なら、右翼手越えの大きなあたりをねらってもいい。野手は中継プレーになるので、守備をかき回すことができる。

ケース別攻撃&守備

無死二塁からの守備パターンを実践する

ねらい

Menu **088** 無死二塁【守備】

難易度 ★★★★☆
時間 40分

≫ 主にねらう能力

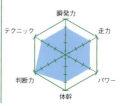

▼ やり方
1. 無死二塁の状況でケースバッティングの守備を行う。
2. 守備は守りにくい場面だが、臨機応変に対応する。
3. 打球が飛んだら、周囲が走者の動きを確認して、指示を出すようにする。

基本の考え方

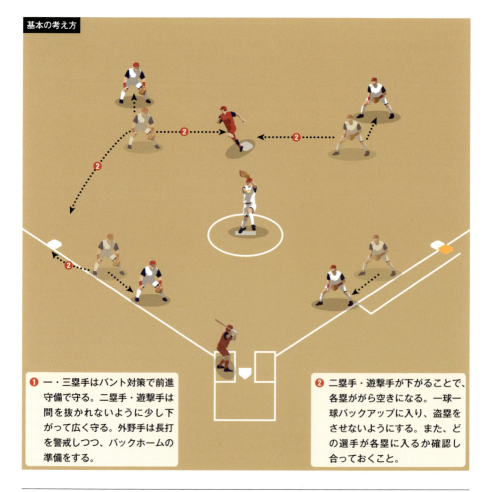

❶ 一・三塁手はバント対策で前進守備で守る。二塁手・遊撃手は間を抜かれないように少し下がって広く守る。外野手は長打を警戒しつつ、バックホームの準備をする。

❷ 二塁手・遊撃手が下がることで、各塁ががら空きになる。一球一球バックアップに入り、盗塁をさせないようにする。また、どの選手が各塁に入るか確認し合っておくこと。

バント

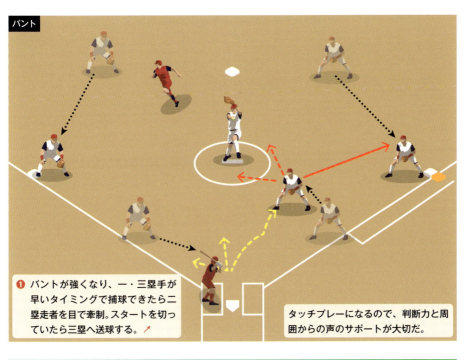

❶ バントが強くなり、一・三塁手が早いタイミングで捕球できたら二塁走者を目で牽制。スタートを切っていたら三塁へ送球する。↗

タッチプレーになるので、判断力と周囲からの声のサポートが大切だ。

ヒッティング

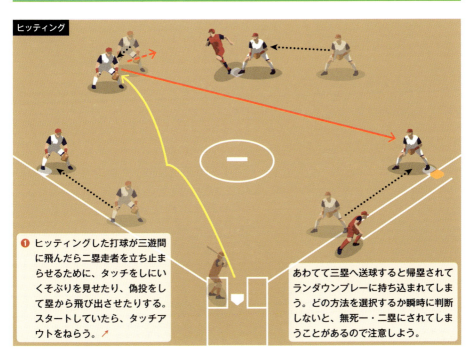

❶ ヒッティングした打球が三遊間に飛んだら二塁走者を立ち止まらせるために、タッチをしにいくそぶりを見せたり、偽投をして塁から飛び出させたりする。スタートしていたら、タッチアウトをねらう。↗

あわてて三塁へ送球すると帰塁されてランダウンプレーに持ち込まれてしまう。どの方法を選択するか瞬時に判断しないと、無死一・二塁にされてしまうことがあるので注意しよう。

ケース別攻撃＆守備

無死三塁からの攻撃パターンを実践する

Menu **089** 無死三塁【攻撃】

難易度 ★★★★☆
時間 40分

» 主にねらう能力

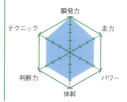

▼ やり方

1. 無死三塁の状況でケースバッティングの攻撃を行う。
2. 右方向へのヒッティングで二塁手の深い位置をねらう。
3. パワーヒッターなら外野フライを打って犠牲フライでも1点になる。

基本の考え方

❶ 攻撃は最低でも1点を取らなければならない場面。右方向へ強い打球を打つ。犠牲フライを打つときでも思い切ったスイングをする。

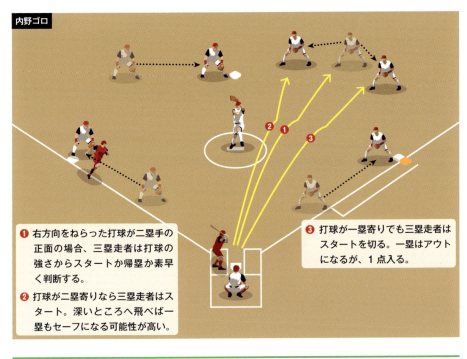

内野ゴロ

❶ 右方向をねらった打球が二塁手の正面の場合、三塁走者は打球の強さからスタートか帰塁か素早く判断する。

❷ 打球が二塁寄りなら三塁走者はスタート。深いところへ飛べば一塁もセーフになる可能性が高い。

❸ 打球が一塁寄りでも三塁走者はスタートを切る。一塁はアウトになるが、1点入る。

内外野間のフライ、タッチアップ

❶ 内外野手のフライになった場合、飛距離によってタッチアップを判断する。三塁走者はハーフウェイで待ち、落球したら一気に本塁に向かう。

❷ 深い位置にフライを打てば、タッチアップをねらえる。離塁が捕球の瞬間より速いと、アピールプレーでアウトになるので気をつけよう。

ケース別攻撃&守備

無死三塁からの守備パターンを実践する

ねらい

Menu **090** 無死三塁【守備】

難易度 ★★★★☆
時間 40分

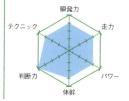

» 主にねらう能力

▼ やり方

1. 無死三塁の状況でケースバッティングの守備を行う。
2. 内野手にとって守りにくい場面。あらゆることを想定して守る。
3. 一・三塁手はバントを警戒。
4. 捕手はピックオフプレーで走者の刺殺をねらう。

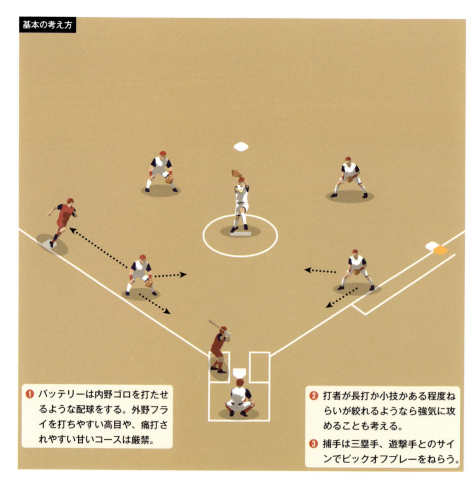

基本の考え方

❶ バッテリーは内野ゴロを打たせるような配球をする。外野フライを打ちやすい高目や、痛打されやすい甘いコースは厳禁。

❷ 打者が長打か小技かある程度ねらいが絞れるようなら強気に攻めることも考える。

❸ 捕手は三塁手、遊撃手とのサインでピックオフプレーをねらう。

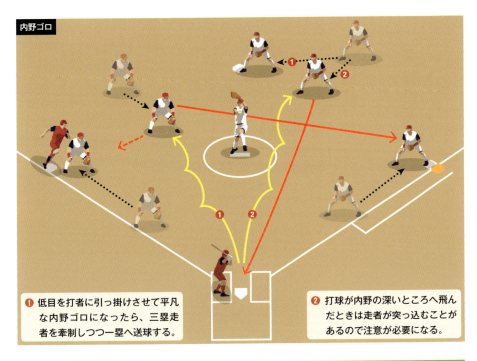

内野ゴロ

❶ 低目を打者に引っ掛けさせて平凡な内野ゴロになったら、三塁走者を牽制しつつ一塁へ送球する。

❷ 打球が内野の深いところへ飛んだときは走者が突っ込むことがあるので注意が必要になる。

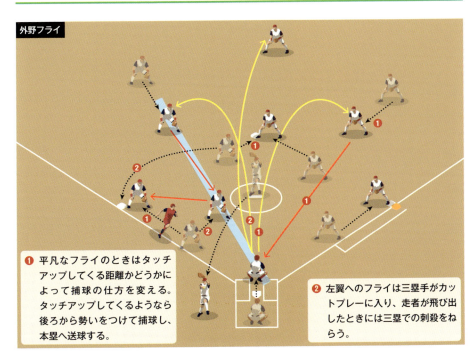

外野フライ

❶ 平凡なフライのときはタッチアップしてくる距離かどうかによって捕球の仕方を変える。タッチアップしてくるようなら後ろから勢いをつけて捕球し、本塁へ送球する。

❷ 左翼へのフライは三塁手がカットプレーに入り、走者が飛び出したときには三塁での刺殺をねらう。

ケース別攻撃&守備

一死一塁からの攻撃パターンを実践する

Menu **091** 一死一塁【攻撃】

難易度 ★★★★☆
時間 40分

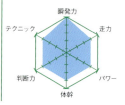

» 主にねらう能力

▼ やり方

1. 一死一塁の状況でケースバッティングの攻撃を行う。
2. 基本的にはヒッティングでチャンスを広げていく場面。
3. 打撃に自信がなくても単純に送るだけでは二死になってしまうので、打者も生きる方法を考える。

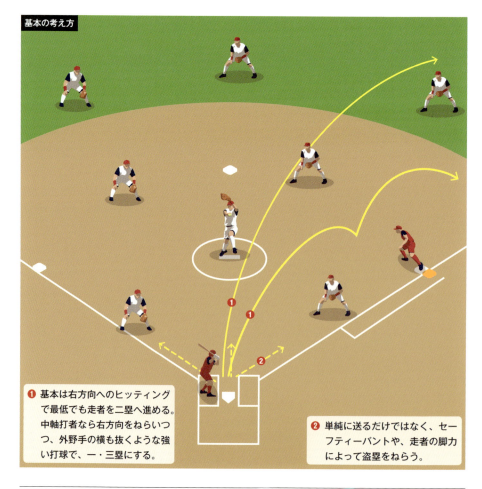

基本の考え方

❶ 基本は右方向へのヒッティングで最低でも走者を二塁へ進める。中軸打者なら右方向をねらいつつ、外野手の横も抜くような強い打球で、一・三塁にする。

❷ 単純に送るだけではなく、セーフティーバントや、走者の脚力によって盗塁をねらう。

セーフティーバント

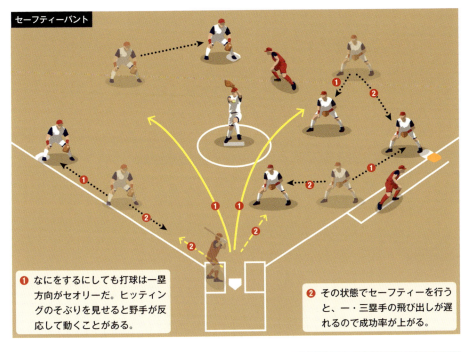

❶ なにをするにしても打球は一塁方向がセオリーだ。ヒッティングのそぶりを見せると野手が反応して動くことがある。

❷ その状態でセーフティーを行うと、一・三塁手の飛び出しが遅れるので成功率が上がる。

右方向へのヒッティング

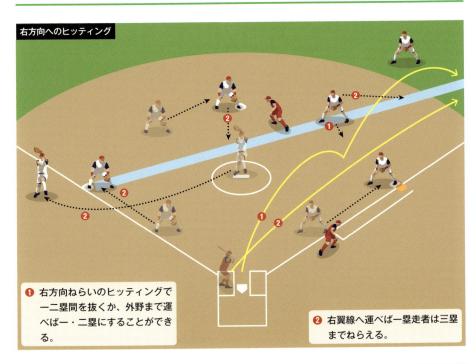

❶ 右方向ねらいのヒッティングで一二塁間を抜くか、外野まで運べば一・二塁にすることができる。

❷ 右翼線へ運べば一塁走者は三塁までねらえる。

ケース別攻撃＆守備

一死一塁からの守備パターンを実践する

Menu **092** 一死一塁【守備】

難易度 ★★★★☆
時間 40分

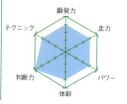

» 主にねらう能力

▼ やり方

1. 一死一塁の状況でケースバッティングの守備を行う。
2. 確実に打者をアウトにして二死にする。
3. 打球の方向やタイミングによっては一塁走者を刺したり、ダブルプレーをねらう。

基本の考え方

❶ 一・三塁手はバントを確実にアウトにする。まずは先の塁にいる走者をアウトにすることを考え、できないと判断したら一塁に投げてアウトにする。

❷ 二塁手・遊撃手は1歩下がって間を抜かれないようにする。捕手は常に盗塁を警戒する。

バント

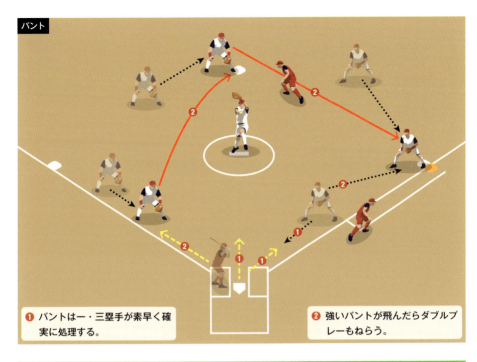

❶ バントは一・三塁手が素早く確実に処理する。

❷ 強いバントが飛んだらダブルプレーもねらう。

内野ゴロ

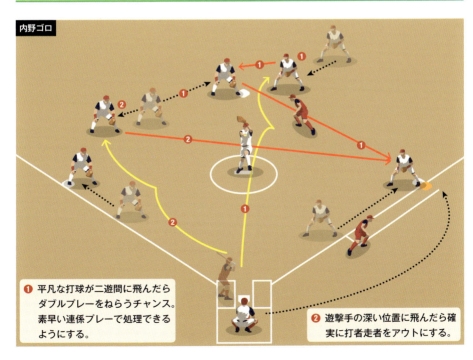

❶ 平凡な打球が二遊間に飛んだらダブルプレーをねらうチャンス。素早い連係プレーで処理できるようにする。

❷ 遊撃手の深い位置に飛んだら確実に打者走者をアウトにする。

ケース別攻撃＆守備

一死二塁からの攻撃パターンを実践する

Menu **093** 一死二塁【攻撃】

難易度 ★★★★☆
時間 40分

» 主にねらう能力

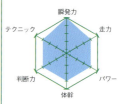

▼ やり方

1. 一死二塁の状況でケースバッティングの攻撃を行う。
2. ただ二死三塁にするのではなく、アウトカウントを増やさないパターンを増やしたい。
3. ヒッティングかセーフティーかを絞らせないようにして守備に揺さぶりをかける。

基本の考え方

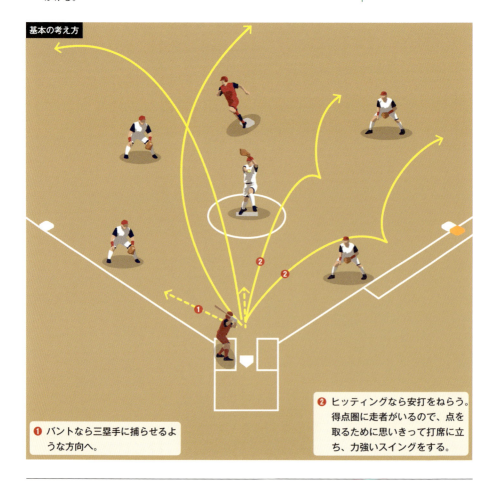

❶ バントなら三塁手に捕らせるような方向へ。

❷ ヒッティングなら安打をねらう。得点圏に走者がいるので、点を取るために思いきって打席に立ち、力強いスイングをする。

盗塁、セーフティ

❶ バントの構えをすると三塁手は前進するので、三塁が空く。走者は遊撃手のベースカバーを追いこすつもりでスタートをきる。

❷ 野手が、長打を警戒して深い位置に守っているようならセーフティーを試みる。

ヒッティング

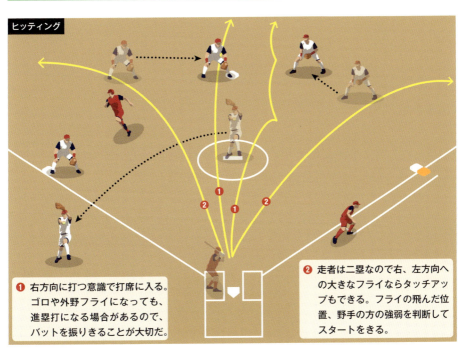

❶ 右方向に打つ意識で打席に入る。ゴロや外野フライになっても、進塁打になる場合があるので、バットを振りきることが大切だ。

❷ 走者は二塁なので右、左方向への大きなフライならタッチアップもできる。フライの飛んだ位置、野手の方の強弱を判断してスタートをきる。

ケース別攻撃&守備

一死二塁からの
守備パターンを実践する

Menu **094** 一死二塁【守備】

難易度 ★★★★☆
時間 40分

» 主にねらう能力

▼ やり方

1. 一死二塁の状況でケースバッティングの守備を行う。
2. 一・三塁手はさまざまなことを想定しながら守る。
3. 二塁手、遊撃手は間を抜かれないように守備位置を1歩下げる。

基本の考え方

❶ 一・三塁手の判断力、対応力、守備のスピードが問われる場面。バント、セーフティー、エンドラン、ベースカバーのどれにも対応できるように守る。

❷ 打者のヒッティング能力が高ければ二塁手、遊撃手の横を抜かれるのは避けたい。1歩程度下がって守備範囲を広く守るようにする。この場合、バントの警戒を忘れない。

バント処理

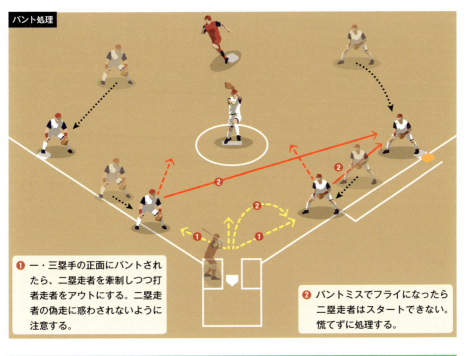

❶ 一・三塁手の正面にバントされたら、二塁走者を牽制しつつ打者走者をアウトにする。二塁走者の偽走に惑わされないように注意する。

❷ バントミスでフライになったら二塁走者はスタートできない。慌てずに処理する。

内野ゴロ、外野フライ

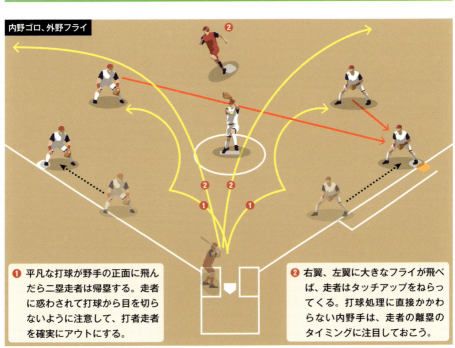

❶ 平凡な打球が野手の正面に飛んだら二塁走者は帰塁する。走者に惑わされて打球から目を切らないように注意して、打者走者を確実にアウトにする。

❷ 右翼、左翼に大きなフライが飛べば、走者はタッチアップをねらってくる。打球処理に直接かかわらない内野手は、走者の離塁のタイミングに注目しておこう。

ケース別攻撃&守備

一死三塁からの攻撃パターンを実践する

Menu **095** 一死三塁【攻撃】

難易度 ★★★★☆
時間 40分

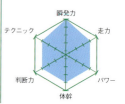

» 主にねらう能力

▼やり方

1. 一死三塁の状況でケースバッティングの攻撃を行う。
2. 最低でも1点を取る。
3. 大きなチャンスということで固くなってミスが出やすい場面なので、特に練習しておきたいケースだ。

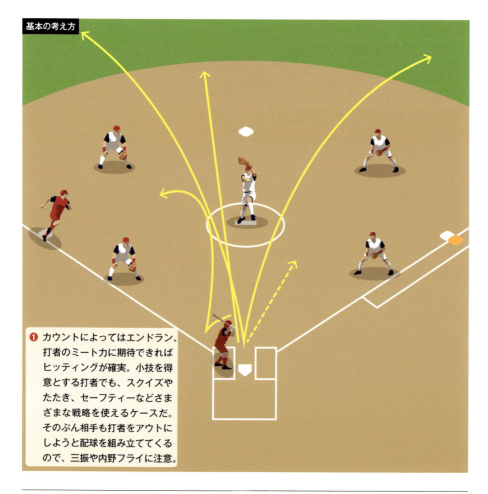

基本の考え方

❶ カウントによってはエンドラン、打者のミート力に期待できればヒッティングが確実。小技を得意とする打者でも、スクイズやたたき、セーフティなどさまざまな戦略を使えるケースだ。そのぶん相手も打者をアウトにしようと配球を組み立ててくるので、三振や内野フライに注意。

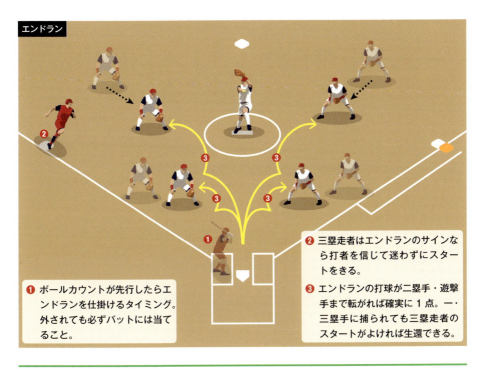

エンドラン

❶ ボールカウントが先行したらエンドランを仕掛けるタイミング。外されても必ずバットには当てること。

❷ 三塁走者はエンドランのサインなら打者を信じて迷わずにスタートをきる。

❸ エンドランの打球が二塁手・遊撃手まで転がれば確実に1点。一・三塁手に捕られても三塁走者のスタートがよければ生還できる。

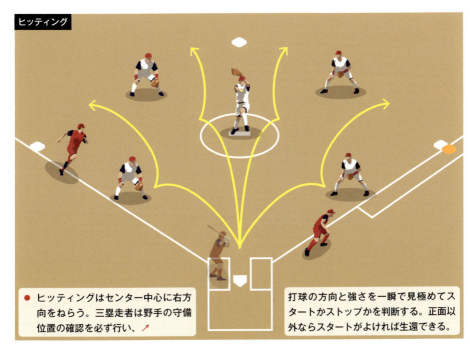

ヒッティング

● ヒッティングはセンター中心に右方向をねらう。三塁走者は野手の守備位置の確認を必ず行い、↗

打球の方向と強さを一瞬で見極めてスタートかストップかを判断する。正面以外ならスタートがよければ生還できる。

ケース別攻撃&守備

一死三塁からの守備パターンを実践する

Menu **096** 一死三塁【守備】

難易度 ★★★★☆
時間 40分

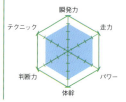

» 主にねらう能力

▼ やり方

1. 一死三塁の状況でケースバッティングの守備を行う。
2. 内野手は前進守備で守る。
3. バッテリーは打者への攻め方を工夫する。

基本の守備

❶ 一・三塁手はエンドランを警戒しつつ、セーフティーバントにも対応できるポジションで守る。

❷ 二塁手・遊撃手はエンドランをバックホームできる位置まで前進。

❸ バッテリーは打者の見極めをして、安易な配球はしないこと。また、捕手は三塁走者と相手ベンチの雰囲気を見て、エンドランのタイミングを読む。

ランダウンプレー

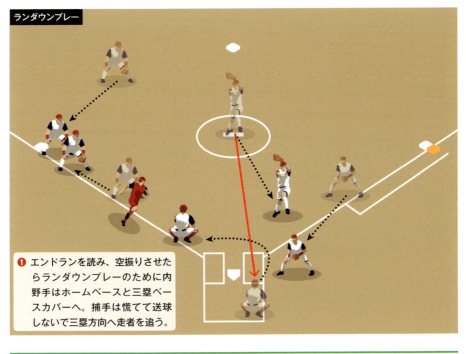

❶ エンドランを読み、空振りさせたらランダウンプレーのために内野手はホームベースと三塁ベースカバーへ。捕手は慌てて送球しないで三塁方向へ走者を追う。

内野ゴロ

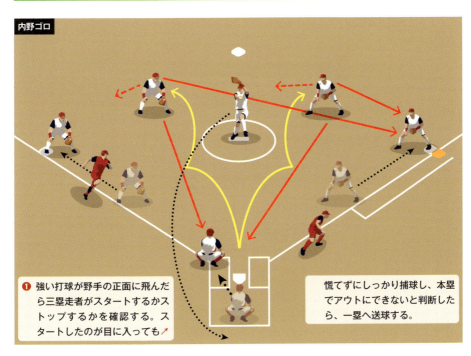

❶ 強い打球が野手の正面に飛んだら三塁走者がスタートするかストップするかを確認する。スタートしたのが目に入っても↗

慌てずにしっかり捕球し、本塁でアウトにできないと判断したら、一塁へ送球する。

トレーニング

「プラスティックボール、サンドボール」

▼やり方
1. プラスティック製のボールや、砂が入ったサンドボールを用意する。
2. トスバッティングと同じようにバッティング練習をする。

プラスティックボール

サンドボール

ねらい

どちらのボールもジャストミートしても数mしか飛ばず、当たってもケガの心配もない。雨天時の室内練習や遠征時にちょっとしたスペースでトスバッティングができるので、携帯しておくと便利だ。
プラスティックボールは風の影響を受けると不規則な変化をするので、バットコントロールの練習にもなる。

注意点

どちらのボールもやや特殊なので、スポーツ用具の専門店などで手に入れる。インターネットでも販売している。

第7章
もっと強くなるトレーニング

この章ではパフォーマンスアップが期待でき、
10m四方の場所があればできるメニューを主に紹介する。
室内練習や自主練習で取り入れてもいいだろう。

もっと強くなるトレーニング

跳躍力を鍛える

Menu 097 バージャンプ

難易度	★★★☆☆
時間	15分
回数	10回×3セット

» 主にねらう能力

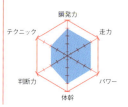

▼ やり方

1. カラーコーンにバーを取り付けたものを2組用意して並べる。
2. 前向きに両足ジャンプをして飛びこす。
3. 横向きに両足ジャンプをして飛びこす。
4. 繰り返す。

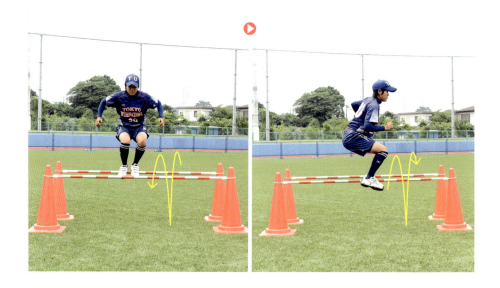

 選手のポイント

ばねのようにジャンプする

2回連続で両足ジャンプするが、間延びしないようにテンポよく連続で行うこと。足首、ヒザ、股関節をばねのように使って、弾むように飛びこえよう。

 指導のポイント

機敏さ、俊敏性を鍛える

両足ジャンプによって機敏さや俊敏性が鍛えられる。これは守備時の反応速度や守備範囲、走塁時の脚力などに影響する、とても大切な運動能力だ。

もっと強くなるトレーニング

脚力を鍛える

Menu 098 階段登り

難易度 ★★★☆☆
時間 30分
回数 前向き×3 / 横向き×2

» 主にねらう能力

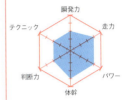

▼ やり方

1. 階段を2段飛ばしでゆっくり登る。
2. 前向き、横向きをそれぞれ行う。

前向き

横向き

! 選手のポイント

カカトで着地、太ももで登る

階段の上へ運んだ足のカカトから着地し、踏み締めるように拇指球へ向かって力を入れていく。足の裏全体に体重をかけて、体を持ち上げる。このとき下の足で蹴り上がるのではなく、上の足の太ももの力で引き上げる。

指導のポイント

ゆっくり登って脚力を鍛える

階段登りというと走って一気に登る瞬発力や心肺機能のトレーニングを思い浮かべがちだが、これは速く登るのが目的ではない。ゆっくりとした動作で、足の裏全体に体重を乗せて登るようにしよう。

もっと強くなるトレーニング

体幹と
バランス感覚を鍛える
ねらい

難易度	★★★★☆
時間	20分
回数	10×3セット

Menu **099** バランスディスク

▼ やり方

1. バランスディスクを用意する。
2. バランスディスクに片足で乗って、反対の足を股関節から回す。
3. ダンベルを立ててその上に指先を乗せてバランスをとる。
4. どちらも左右行う。

» 主にねらう能力

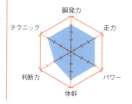

⚠ 選手のポイント

足場がふらつくところで安定して立つ

バランスディスクで鍛えられるのは、もちろんバランス感覚だ。足場がふらついても安定して立つトレーニングをすれば、地面での安定性やバランス修正能力が上がる。

📣 指導のポイント

体幹のトレーニングとして

細かい重心の調節や、力を入れる、抜く、の瞬間的な切りかえでバランスを保つ。しっかりとした体幹があれば、より複雑な動作にも対応できるようになる。また、素足になるのは足の指で地面をつかむ感覚を養うため。フットワークがよくなったり、踏ん張る力を身につけることができる。

もっと強くなるトレーニング

体幹と俊敏性を鍛える（ねらい）

Menu 100 バービー

難易度	★★★☆☆
時間	10分
回数	10×3セット

» 主にねらう能力

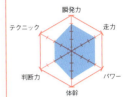

▼ やり方

1. 立った姿勢で始める。
2. イチでしゃがんで両手を地面につく。
3. ニで両足を伸ばす
4. サンで両足を戻す。
5. シで両腕を上げて両足ジャンプをする。
6. これを繰り返す。

  イチ  ニ  サン  シ

！ 選手のポイント

テキパキとした動作で行う

イチ、ニ、サン、シのテンポで行うが、それぞれの動作をテキパキと行うこと。動きが遅かったり、動作と動作が流れてしまったりすると俊敏性のトレーニングにならない。

指導のポイント

大勢で笛に合わせて行う

4拍子を笛などで合図して、チームのトレーニングとして大勢で同時に行う。セットとセットの間にインターバルを入れて、数セット行えば持久力のトレーニングにもなる。

もっと強くなるトレーニング

跳躍力と敏捷性を鍛える

難易度	★★★★☆
時間	15分
回数	3本×2セット

Menu 101 大うさぎ跳び

≫ 主にねらう能力

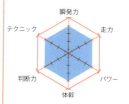

▼ やり方

1. 立った姿勢で始める。
2. 腕を後方へ振ってしゃがむ。
3. 前方へ大きくジャンプ。
4. 両足で着地する。
5. これを繰り返す。

！ 選手のポイント

両腕を振って反動をつける

しゃがんだときに腕を後方へ。この腕を振り子のように振り戻す勢いを利用してジャンプしよう。さらに空中でも腕を頭の上まで振り上げて、高く遠くを目指す。

指導のポイント

空中で体を反らせる

ジャンプの距離や高さを計測するわけではないが、できるだけ遠くへ大きく飛ぶ意識を持たせる。陸上競技の走り幅跳びや三段跳びのように空中で体を反らせて、その反動も利用して飛ぶようにしよう。

もっと強くなるトレーニング

ねらい 脚力と体幹を鍛える

Menu **102** ランジ

難易度 ★★★☆☆
時間 15分
回数 20×3セット

▶ 主にねらう能力

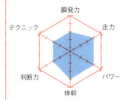

▼やり方
1. 立った姿勢で始める。
2. ヒザを高く持ち上げる。
3. その足を大きく前に出して、そのまま腰を落とす。
4. 後ろ足を引き寄せてヒザを高く持ち上げる。
5. これを繰り返す。

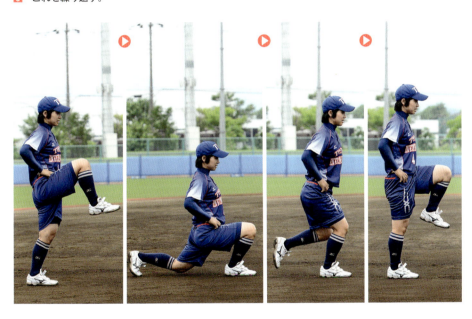

⚠ 選手のポイント

バランスを取りながら行う

後ろ足を引き寄せて前に出すとき、片足でバランスを取って行う。ふらついて、地面に足がつかないようにしよう。上半身は垂直のまま、重心だけを移動するのがポイントだ。

📣 指導のポイント

太ももの筋力強化

足を前後にしたとき、前足の太ももの筋力を使ってじっくりと深く腰を落とす。前足のヒザは直角より少し鋭角に、後ろ足のヒザは地面につくくらいまで下げる。このとき背中は丸めないこと。

もっと強くなるトレーニング

インナーマッスルを鍛える

ねらい

Menu 103 チューブトレーニング

難易度	★★☆☆☆
時間	20分
回数	各10回×3セット

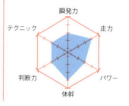

≫ 主にねらう能力

▼ やり方

1. チューブを用意する。
2. 足にチューブをつけて、的確に動かす。
3. 2人組になり、チューブを持って順番に引っ張る。

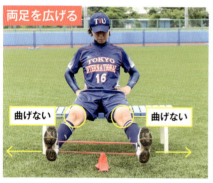

両足を広げる / 曲げない / 曲げない

ベンチに座って輪にしたチューブを足に巻く。股関節から動かして両足を広げる。太ももの内側と外側を鍛えることができる。

横へ移動する

左へ移動する場合、左足を横へ動かしてから右足を同じ幅だけ寄せる。反対へ移動するときは動かす順番が逆になる。

背筋を使って伸ばす

お互いにチューブの端を持って、1人が腰を落として静止する。もう1人が背筋を使って上体を反らしてチューブを後方へ引っぱる。

身体全体をひねる

両手を頭の上に伸ばして止める。手の位置は変えないようにして下半身から左右にひねる。腹筋に力を入れてゴムの反発に負けない。

もっと強くなるトレーニング

握力と腕力を鍛える

Menu 104 アームカール・巻き上げ

難易度	★★★☆☆
時間	15分
回数	アームカール15回×3 巻き上げ3往復×3

≫ 主にねらう能力

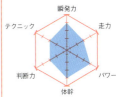

▼ やり方

1. バーベルのシャフトを順手で持つ。
2. 腕の力を使って胸の前に持ち上げる。
3. 巻き上げを両手で持って、ベンチなどの上に立つ。
4. リストを使って巻き上げる。

アームカール

反動を使わない 持ち上げるときにヒザを曲げたり、腰を前後に動かしたりして反動をつけると筋力のトレーニングにならない。動かすのは腕だけだ。

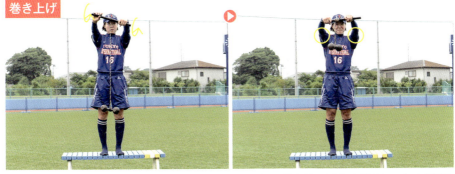

巻き上げ

**リストを使って
ダンベルを巻き上げ** ダンベルと棒をひもで結ぶ。腕を肩の高さに上げてキープ。ヒジが曲がらないようにリストを使ってダンベルを巻き上げる。上まで行ったら戻す。

もっと強くなるトレーニング

腹筋・腕力を鍛える

Menu 105 ベンチ腹筋・懸垂

難易度 ★★★☆☆
時間 20分
回数 各10回×3セット

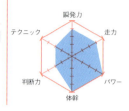

》 主にねらう能力

▼ やり方

1. ベンチから上半身が出るように座って、足を押さえてもらう。
2. 通常の腹筋、ひねりを加えたものを行う。
3. うつ伏せになり背筋を行う。
4. 鉄棒にぶら下がり、腕の力で体を持ち上げる。

ベンチ腹筋

上半身が座面から出るようにベンチの端に座る。頭が地面につくくらいまで下げてから、腹筋を使って上半身を持ち上げる。胸の前でプレートなどを持って行うとさらに強度が上がる。

ひねり腹筋

ベンチ腹筋と同じように行い、最後に左右へひねりを入れる。このとき横腹の筋肉を引き締めるようにする。

ベンチ背筋

座面にうつ伏せになるようにセットして、背筋を使って上半身を持ち上げる。

懸垂

鉄棒を握る手を順手と逆手で行う。腕と体幹を使って、体を持ち上げる。

もっと強くなるトレーニング

握力・腕力・リストを鍛える

ねらい

Menu **106** ダンベル・プレート

難易度	★★★☆☆
時間	20分
回数	各10回×3セット

▶ 主にねらう能力

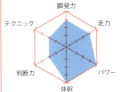

▼やり方

1. ダンベルとプレートを用意する。
2. 順番に回数、セット数ずつ行う。

グリップ強化

ダンベルの丸い部分を指3本で握る。手首を曲げ伸ばしてダンベルを上げ下げする。

パンチ

ダンベルを両手で持って、パンチをするように交互に前後に動かす。体幹、下半身に力を入れてふらつかないようにする。

腕力強化

ダンベルを片手で持って、ベンチの上などでヒジを固定させる。手首からじっくりと巻き上げるようにダンベルを持ち上げる。

指先強化

バーベルのプレートを両手の指先でつまむように持ち、少しずつ回転させる。時計回り・反時計回りの両方行う。

CONCLUSION
おわりに

　最後までお付き合いいただき、ありがとうございました。私が人間力を重視するようになったのは日立高崎ソフトボール部（現ビックカメラ女子ソフトボール高崎）の宇津木妙子総監督からご指導を仰いだからに他なりません。「人間力＝目配り、気配り、思いやり」「生活＝グラウンド」との教えは、片時も忘れることなく私の中に息づいています。高崎は負け知らずでしたが、秘訣は礼儀や思いやりの心が身についていたからだと思います。もちろん、練習が非常に厳しかったことは言うまでもありませんが…。

　指導者になってからも、選手たちに人間力を高めていくことは技術の習得と同じくらい大切だと伝えています。東京国際大学は昨年、日本一に輝くことができましたが、より強くて愛される、心から応援されるチームになるために、今後も精進してまいります。

　この場をお借りし、この本を拝読していただいたみなさま、書籍出版に際しご協力いただいたみなさまに心よりお礼申し上げます。ありがとうございました。

東京国際大学ソフトボール部監督

三科真澄

著者&チーム紹介

著者　三科真澄

1982年生まれ　神奈川県出身
名門・県立厚木商業高校在学中の3冠達成（選抜・インターハイ・国体優勝）をはじめ実業団時代は主要国内大会のべ21回の優勝、アテネ五輪銅メダル、北京五輪金メダルに貢献。東京国際大学監督就任後は自チームの指導に加え、教壇に立つ傍ら国内外を飛び回り、指導者として活躍中。

コーチ　城戸絵理沙

1986年生まれ　埼玉県出身
星野高校、東京女子体育大学、ルネサスエレクトロニクス高崎を経て東京国際大学コーチ就任。自身のユニバーシアード（通称：学生のためのオリンピック）出場経験などを活かし、指導にあたっている。

撮影協力　東京国際大学女子ソフトボール部

2010年発足。ソフトボール部専用グラウンドを2面有し、室内練習場、寮も完備。指導陣には宇津木妙子氏、三科氏、城戸氏を迎え、全国屈指の高いレベルを誇る。「愛されて勝つ」をモットーに活動し、2014年には創部5年でインカレ制覇を果たした。アジア圏との交流も盛んに行っており、さらなる躍進が期待されている。

デザイン／有限会社ライトハウス　黄川田洋志、井上菜奈美、田中ひさえ、今泉明香、藤本麻衣、新開宙
イラスト／丸口洋平
写　　真／矢野寿明
編　　集／大久保亘、松川亜樹子（ライトハウス）

差がつく練習法
ソフトボール　超実戦的練習ドリル

2015年8月25日　第1版第1刷発行

著　　者／三科真澄

発　行　人／池田哲雄
発　行　所／株式会社ベースボール・マガジン社
　　　　　　〒101-8381
　　　　　　東京都千代田区三崎町3-10-10
　　　　　　電話　　03-3238-0181（販売部）
　　　　　　　　　　025-780-1238（出版部）
　　　　　　振替口座　00180-6-16620
　　　　　　http://www.sportsclick.jp/

印刷・製本／広研印刷株式会社

©Masumi Mishina 2015
Printed in japan
ISBN978-4-583-10835-3　C2075

＊定価はカバーに表示してあります。
＊本書の文章、写真、図版の無断転載を禁じます。
＊本書を無断で複製する行為（コピー、スキャン、デジタルデータ化など）は、私的使用のための複製など著作権法上の限られた例外を除き、禁じられています。業務上使用する目的で上記行為を行うことは、使用範囲が内部に限られる場合であっても指摘しようには該当せず、違法です。また、私的使用に該当する場合であっても、代行業者等の第三者に依頼して上記行為を行うことは違法となります。
＊落丁・乱丁が万一ございましたら、お取り替えいたします。